成為溫美玉

從偏鄉女孩到資深良師
30年教學心法與人生智慧
溫美玉融合教學與人生體悟高峰之作

溫美玉——著

成為溫美玉

從偏鄉女孩到資深良師 30年教學心法與人生智慧

溫美玉——著

謹以此書

獻給教學生涯影響我最深的吳英長老師。是他讓我明白，一個國小老師可以有尊嚴的站在講臺，以及人生舞臺上。

獻給摯愛的先生盧忠坤，他給了我想要的自由與愛、包容與尊重，不管人生哪個階段，我都能盡情做夢、做自己。

獻給孕育我生命與智慧的父母親，讓身為客家女子的我，擺脫傳統羈絆，大膽探索自我潛能，放手揮灑人生。

獻給此生路上與我交會的朋友們，無論識與不識，對我支持協助還是批評指教，是你們使我的人生更豐富。

目次｜Contents

第二章

風雨中茁壯——附小滋養著教學夢

第三章 對自己許願——豐沛的衝勁、豐盛的果

作者序

我幫「CEO們」上的一堂課

我受邀發表演講，主題為「為什麼我們需要小學老師？」

「天哪！那不是大企業家郭先生嗎？」一到現場，驚見座上賓竟然是赫赫有名的首富，再往旁看過去，一桌桌坐的都是大有來頭的CEO們。

「他們想幹什麼？為什麼請我來報告？」我心裡不免嘀咕著。

「小學老師能跟企業經營扯上什麼關係？」我感到納悶。

「我不能漏氣！一定要大聲告訴他們，小學老師有多了不起！」經過三十年的教學，我再也不小看自己了。

「各位同學，『蘿蔔』的注音怎麼拼呢？接下來，請各小組拿起桌上的卡牌拼出答案，計時三分鐘！」

現場一共分成十組，大家聽到遊戲規則，發揮企業經營的精神，立刻動了起來。

「應該是『ㄌㄨㄛˊ．ㄅㄨㄛ』才對吧？」

「才怪！我都聽人家唸『ㄌㄨㄛˊ ㄅㄛ』啊！」

「為什麼『蘿』有ㄨ，『蔔』就沒有ㄨ呢？太奇怪了？」

小組內部冒出分歧與質疑的聲音，教學多年，我老神在在，繼續觀察並欣賞這樣的教室風景。

「咦？除了蘿蔔的蔔，好像還有一些字，比如：婆、魔、佛……也沒有ㄨ。」

「還有很多就有ㄨ啊！比如，奪、陀、挪、國……，這其中有什麼祕密嗎？」

彷彿發現新大陸般，傳出一陣陣激動且興奮的聲音。

「時間到！各組請出示答案。」我微笑指示。

「經過討論後的答案，每一組的答案都是對的！你們太棒了，掌聲鼓勵自己吧！」

我發自內心讚賞每一組的成員。

很難想像，這些早已身經百戰、叱吒風雲的商場鉅子，知道自己答對，還童心未泯的互相擊掌！

「溫老師，雖然我們答對，其實是死背硬記，或者說是早已經知道兩個字的正確唸法，不過，我們發現這裡面應該有些什麼規則是我們不知道的，到底是什麼呢？」一位年長的企業家發問。

果然是企業家，根本不滿足於僥倖或已知，就是要追根究柢。

早已做好準備的我，立馬播放魏瑛娟老師設計的「注音符號魔法村——ㄛ的故事」動畫影片，這是專為克服注音混淆的教學動畫，學習效果好又充滿童趣，果然緊緊抓住這群好學的企業家目光。

「哇！隔行如隔山，小學老師果然是專業，而且還搭配動畫。」

「溫老師很厲害，讓我們自己發現問題！」

「溫老師巧妙的用合作與競爭，讓我們感覺緊張刺激。」

「我有被剛剛的讚賞打動，溫老師很懂學習者心理喔！」

「溫老師就是在培養我們企業需要的ＣＥＯ人才！」

這些企業家紛紛搶著發表自己的大發現，我根本無法插話。

「同學們，為什麼我們需要小學老師？」我正要開始發表演講，突然發生大地震，

「喔——伊——喔——伊——」的聲音穿入雲霄，天旋地轉之間，我和所有人一起推擠呼喊著……

驚醒後睜開雙眼，我躺在暖暖的被窩裡，這是入冬以來臺南最冷的清晨。十二月初的星期六，時間約莫八點。

這是一場夢，這場夢意味著什麼？

曾經，我不是好老師

這本書是我人生至今最重要的一本著作，也是三十年教學生涯的深刻省思。書中除了偶有提及成功的喜悅，更多是自我坦露犯傻跌撞、惶惑不安的時刻。

正是這些再真實不過的故事，讓我的職業生涯彷彿成了企業與人生的CEO培訓，退休後我旋即成立「腦力集教學有限公司」，一肩擔起公司執行長的任務。

「不小看小學老師的工作，才能把學生的未來放大！」恩師吳英長老師說。

謹記著這句話，我的課堂，每個孩子都是我眼中未來的「CEO」，不只是經營職場，更是自己人生的主宰者。

當家長和許多老師還在擔心小一新鮮人是否能適應新環境時，我讓小一生自己設計注音符號闖關遊戲。他們必須想辦法把注音學習和遊戲結合，才會好玩又有深度，這不就是現在最時尚的「素養教育」？

然而，在如此人本又正向的班級教學與經營之前，我曾經是隨時都想拿起棍子打學生的老師。

南大附小原本就有每週讓學生即席演講的訓練，在我退休前三年，發揮創意調整了訓練方式，請學生每週拍一支兩到三分鐘短片上傳班網。不僅學生拍得開心，家長回饋也很正向，「超越學校學習，提升口語表達能力，更重要的是孩子有了自信」。

這些孩子是幸運的。殊不知，為了讓多年前的學長姊能夠大方表達，我曾經極盡所能的用言語斥罵羞辱他們，迫於我的淫威，他們用著憤恨不滿的聲音朗讀課文，此刻我的耳邊依稀還能聽見。

隨著時代進步，創業不分年齡，熱愛嘗鮮的我自然不放棄任何教學的契機。為了讓小四的孩子體驗自己賺錢的成就感，我讓他們自己一個人或找同學合作，策劃一個收費夏令營，教室彷彿成了創新的孵化地。這也是退休前三年的教學。

大膽的夢想能開出這麼美麗的花朵，我著實驚喜也羞愧。

回想起教學生涯前四年任教於彰化南興國小，學生有一大半來自代工家庭，他們的家裡放滿模具、布料、食品加工……等材料，可是，我只顧著打罵學生沒有寫作業、嫌棄家長不懂我宏大的教學理想，對於眼前現有的資源，就像空氣般視而不見。

也許，沒有人天生就能當好老師，再多的才華、智慧與勇氣，都得經過漫長的淬鍊才能成熟。就像企業的CEO，不管讀過多少書、上過多少課，真正到了職場應對，還是常常得從失敗開始。

尼采曾經說，離每個人最遠的，其實就是我們自己。

退休創立公司，再次經歷初學者的失敗與痛楚，然而，不同於三十幾年前的無助，我已經擁有能夠很快復原又重新站起的能力與勇氣。

相較於初任教師的慌亂，現在竟能將挫敗視為理所當然，心態上的落差引起我極大好奇與反思：有沒有可能「痛」根本不屬於疾病，而是療癒的過程？

老師的工作看似單純，卻非常複雜又瑣碎，尤其小學老師面對的不只是孩子，還有背後的家長，而孩子的抽象理解系統尚未健全，如何把生硬的知識有效轉化出趣味，認知、情意、技能三大考驗，無時不讓老師竭盡心思。

剛開始當老師的那幾年，開學前總會給自己立下目標：一整天沒有罵人，更好是沒有生氣，最棒則是整天保持著愉悅的心情。

慢慢的，我明白做為一個老師不可能沒有遇到困境。我必須不斷為專業增能，敦促自己掌握更強大的知識傳達能力，並且更能「共情」眼前的學生，以及更有智慧的與家長對談。

教學是一段艱辛的歷程，也是一段讓心智成熟的旅程。

三十幾年之中，我經歷過一連串艱難乃至痛苦的省思與轉變，最終成為了更稱職的、更有同理心的老師，也找到了真正的自我。

從挫折中得到智慧，向過去道別

漫長的旅程之中，到底發生了些什麼呢？

這本書坦露我在職涯中如何一次次跌倒又站起，這些歷程累積成為我的人生能量，讓我退休後再次出發。

很感謝天下文化鍥而不捨的信任與陪伴，兩年來我和編輯郁慧無數往返拉鋸，恐懼與放棄的念頭起起落落。不願也不敢回頭檢視過去，腦海不時飄過許多令人窒息的教學片段，比如，瘋狂的拿起棍子打人、機關槍般的惡毒言語無情掃射學生……

「真誠是生命的藥。」我的腦海閃過心理學家史考特・派克（M.Scott Peck）的話。直到轉身釋放並擁抱那些壓抑的情緒，我發現，所謂的圓滿，不是一開始做對了什麼，而是用最溫柔的方式，好好向過去道別。

與其說這是一趟回顧，不如說是一場新生，如同一路寫來，當我又慣性落入老師的坑，想要教大家怎麼完成教學任務時，「不是做了什麼，而是思考了什麼」，編輯郁慧總會溫柔的提醒我。

如果這本書對您有所幫助的話，我最大的期盼會是：療癒與肯定。人生選擇錯綜複雜，走進學校當老師，有人是深思熟慮後的抉擇，有人是現實逼迫下的妥協。

不管是哪一種選擇，永遠懷抱熱情，孩子就會回饋我們真心與愛；只要對教育充滿期待，願意屢敗屢戰，您會發現挫折終能化成智慧，堅持獨特必能綻放自我。

磨難與衝擊必定是教學常態，非得真誠面對與梳理，接受自己的不足，方能找到通向未來的道路。不僅在職場上，即使在生活中，也期盼我的故事，能助你成為人生的CEO。

第一章

不怕迷路——菜鳥老師團團轉

緩緩走上臺冷眼掃視全班，
明明做錯了事，他們眼中似乎沒有悔意，
只有師生之間隔著彷彿海洋般巨大的鴻溝，
永遠無法企及的絕望。
那是一種我怎麼努力都觸及不到他們內心的荒涼感，
這跟自己步出師專校門時，
信誓旦旦想要成為最受歡迎老師的宏願，
落差真的太大……

1 菜鳥老師落跑事件

我開始當老師時，有個至今難忘的「落跑」事件。

第一次自然課要到戶外量竿影，我在教室內手忙腳亂，一邊拿備課用書、器材，還有教師手冊，腦中想著待會兒的觀察步驟、注意事項等等。兩手拿著教材的我，還在煩惱怎麼教才會順暢，一走出教室外，看學生不但沒整好隊伍，還嘻嘻哈哈跑來跑去，內心不禁萬分惱怒。更可惡的是，幾名學生竟笑哈哈的朝著我問：「老師，你沒有發現我們人數變少了嗎？」

人數變少？我心頭一驚，怎麼回事？轉頭看，原來還有四個學生在教室內玩躲貓貓，完全不把自然課當回事。突然間，壓抑很久的情緒爆發了，覺得自己很不值，一個人從高雄美濃到異鄉彰化獨居生活，還教到這麼爛的班級。

當時腦中就像跑馬燈一樣，閃過我剛到這所小學時，教務主任堆著笑臉說：「溫老師，我們把全校最好的班級留給你了，學生就拜託你多照顧。」原來，我上當了！我還感恩戴德學校把最乖、最好的班級留給初任老師，其實這個班根本就是沒人敢要！

怒不可遏的我失去理智，再也顧不得昨天才信誓旦旦，要把學生當朋友，要實施愛的教育，要跟傳統老師不一樣……，言猶在耳，此時卻站上黑板凹槽，把藏在黑板上方的棍子拿了下來，還很氣自己：「搞什麼？早知道這是一群不受教的孩子，何苦把棍子放在這麼高的地方？」

我氣沖沖怒吼：「怎麼可以不排隊，還躲貓貓捉弄老師？」先把這四個學生抓過來打了一頓，再往教室外喊著：「不去外面上課了，統統給我進教室！」

那是三十二年前的我，二十一歲的大菜鳥。全班回教室後，我狠狠撂下一句話：「我不想教了，才不要教你們這種爛班級！」接著丟下全班錯愕的學生，頭也不回的跑出教室。

落跑後，六神無主的我也不曉得該怎麼辦。只能跑到一樓，同學年同事知道我受委屈，讓我先在她教室冷靜一下。

約莫十分鐘後，內心開始惴惴不安，只好返回教室。一腳踏進教室，我不敢相信眼前所見，當下腦袋五雷轟頂：「學生統統不見了！」剩下兩個慢動作的背著書包正準備往外走，我連忙攔下問：「其他人呢？都跑去哪裡了？」這孩子哭喪著臉回答：「同學說老師不要我們了，要回家找爸爸媽媽！」

不知如何收拾殘局的我，趕緊往外衝去，腦海中浮現學校外省道上車輛飛馳的畫面：「萬一學生跑上馬路，被不長眼的卡車輾過……」，毛骨悚然不敢再往下想，只能祈求上天保佑，一邊恨恨的罵自己腦殘又無能。

回身擁抱那個總是逃跑的女孩

儘管「落跑」可能面臨棘手的殘局，而我仍然在緊要關頭採取了這種應對方式，這個經驗如此熟悉。正式進入學校前，我天真的以為，只要當了老師就會有責任感，就會充滿智慧與包容，就不會再如此任性，沒想到一旦面臨強烈的焦慮感，我又回到最粗暴直接的模式。

記得最早的落跑發生在我小學時。跟媽媽嚴重衝突之後，我跑出家門找到幽僻的山腳下，自己一個人躲起來默默哭泣，小小的身軀蜷縮著，想像著自己被大山擁入懷裡。其後的成長時光，遇到不想面對的事，我總是本能的一跑了之。

師專二年級時，我和閨密莫名其妙被陷害，當選了國民黨的校園小組長，由於我對校園思想控制相當排斥，壓根兒就不想受訓成為組織要員，但面對強權，卻也沒種去挑戰或反抗。

有一天，異想天開的跟閨密提議，利用公假騙老師我們要去受訓，實際上是蹺課搭火車到花蓮玩，沒想到傍晚提心吊膽回校，正巧被主辦老師逮個正著，很不幸的是，她還是我們的壘球課老師。最終下場極為慘烈，兩人差點被記過不說，她還遷怒並威脅要當掉我們該學期的壘球課。最終由導師出面緩頰，罰寫「對不起黨與國」的長篇千字文悔過書了事。

直面內心，與「逃離」對話

感謝老天，更感恩這間學校的學生及同事們，讓我初任教師時上演的這齣菜鳥老師落跑事件，有了翻轉與修正的機會。

留在教室的學生抽抽噎噎的告訴我，其他同學已經往校門口走去，我趕緊下樓衝到中庭，老天保佑，我看見了沒課的主任及同事，大聲喝斥背著書包往校門移動的學生，並命令他們趕緊回教室。

我像一隻鬥敗的公雞，也跟著學生回二樓教室。此時，一手幫我安排擔任這班導師的教務主任，年紀幾乎足以當我媽媽了，經驗豐富的她在走廊拍拍我的肩膀，使了個眼色，要我先到隔壁的輔導室休息，她會好好修理這些調皮的學生。

「是哪幾個讓溫老師生氣的？趕快自己站起來！」

「老師一個人來彰化，你們這麼不乖，這樣應該嗎？」

「再不乖，就沒有老師要教你們了！」

「我幫你們挑了一個最棒的老師，你們不珍惜，真是氣死主任了！」

「來，你們幾個都過來，我們去跟溫老師道歉，主任教你們怎麼跟老師說……」

穿過輔導室與我教室的這堵牆，主任夾雜著臺語教訓學生的聲音隱約傳來，驚魂甫定的我，慢慢將驚恐不已的心給平緩了下來，內心暗自感恩學生沒真的走出校門。此刻，牆的這一頭的我，搖身一變，彷彿又回到那個躲在山腳下蜷縮哭泣無助的小女孩。不同的是，主任沒有責備，學生平安無事，這結局與過去所有的「落跑」劇情，好像有些不一樣了。

「來，你們一起跟老師道歉！」沒多久，主任領著幾個皮蛋進來輔導室。

「老師，對不起！」學生異口同聲。

「阿ㄨˊ呀！ㄍㄧㄣ緊共！」（還有呀！快說！）主任一口道地的鹿港腔臺語。

「主任，阿屋蝦米，挖袂ㄍㄧ呀！」（還有什麼，我忘記了呀！）學生也用流暢的臺語回答。

忘記最終怎麼收尾，反正就是傳統道歉戲碼，其實學生也不知道自己錯在哪裡，嘻皮笑臉的敷衍著，而我只能尷尬的陪笑，心想明明是我的學生，我卻像個外人，還讓主任在旁邊不斷指點如何道歉，學生又不太配合，為了要給我一個交代，讓我有臺階可下，師生雞同鴨講，真的是難為主任了。

其實，錯並不在學生，也不在學校的安排不當。對我而言，這一次的「落跑事件」近看是悲劇，遠看是喜劇啊！每一次遇到危險時，到底該選擇戰鬥還是逃跑；在工作上遇到困難的任務，選擇解決問題，還是拖延？關鍵不是外在行為的愚蠢荒謬，而是傷痕累累卻未曾修復的內在。如果未能從自責中爬起來，就只能在幻想、退避的迴圈中持續打轉、難以脫身。

我最大的難題是從不知道該直面內心真實的愛與恐懼，唯有改變思維方式，好好與「逃離」對話，才能獲得新的經驗，迎來真正的改變。

心理學大師榮格說，如果潛意識不能轉化成意識，它就會變成我們的命運，指引我們的人生。

若是我一直不理解逃離的本質，不明白這種應對模式背後的心理狀態，就好像想讓車子前進，卻一隻腳踩著油門，另一隻腳踩著剎車。珍貴的教學能量和難得的師生情緣，就在這樣的空轉聲中徒然的消耗著。

成長求學階段，我可以率性而為，受了傷頂多就是躲起來舔舐傷口。而今，戰區擴大，我傷害的不僅是自己，更摧毀了學校的榮譽、家長的信任，還有無辜學生的受教權。幸運的是，這是一所可靠的學校，讓落跑事件安全落幕，但絕不能期待老天爺會再給第二次機會。也許，改變的時候真的到了。

2 講起故事，我好像知道為什麼站在教室裡

「聽說新來的那個老師很不行！」

「兒子回來跟我說，老師很兇，很會罵人！」

「她是體育科的，應該不太會教書吧？」

小學民風純樸，但初上任一開學自己竟然從教室「落跑」，也難怪無法讓家長放心。相較於其他年輕同事的沉穩，碰到新環境、新學生帶來的新挑戰，體育科背景的我，反倒把原本引以為傲的「創意」變成亂無章法、「活潑」搞成暴躁易怒，也難怪質疑我帶班能力的耳語傳遍校園，甚至連家長也議論紛紛。

還來不及彌補錯誤，也還不曉得該如何證明自己的能力，一個多月之後，校長竟找

我負責朝會升旗講故事。

講故事，讓我找到自己的位置

「溫老師，那天我在校園裡巡視，看到你上起課來很活潑喔！學生被你逗得一直哈哈大笑！」

「謝謝校長，我很愛講故事啦！而且我平常都有剪報，蒐集很多童話故事，上課太沉悶就講故事給學生聽。」

「很棒啊！那你可以跟全校講故事嗎？就每週找一天升旗來講好了，導護老師報告中心德目，學生都覺得很無趣，不如用故事來代替說教。」

「好啊！反正我本來就喜歡跟孩子講故事，我可以試試看！」想也沒想，我馬上答應了校長。

那是每天都要舉行升旗典禮的年代，不管是豔陽高照、汗流浹背的夏天，還是冷風颼颼、寒意刺骨的冬天，八點就得整隊到操場集合唱國歌，聽主任訓誡批評學生種種的不是，或者，把軍事訓練那一套，諸如立正、稍息、向前後左右轉之類的，搬到校園裡來練習。

愈接近校長跟我約定的日子，我就愈後悔。學校廣播系統很差，全校將近一千個學生，還是在空曠的中庭，講故事有人聽嗎？萬一講得很爛，校長會不會生氣？

當校長興奮的宣布：「我們歡迎全校最會講故事的溫老師來跟我們講故事，大家鼓掌！」我整個人幾乎呈現虛脫狀態，原來在教室跟在全校師生面前是如此不同，表面雖強裝鎮定，心臟的跳動卻恍若大鼓，每一記鼓槌的撞擊都像天崩地裂。

走上升旗臺環視全場，所有目光都集中在我身上，同事的眼神透露著好奇與質疑：「這菜鳥老師也太勇敢了吧？竟然敢在全校面前講故事！」

已經忘了吐出來的第一個字是什麼，只記得第一排的那些一年級的孩子，我講沒兩句他們就開始一直衝著我笑，而且還很自然的想要撲向我。這些笑聲和專注的眼神，大大的激勵了我的本性，我想到我在師專超會演戲、超愛講話，還是歷史劇的導演。

沒想到一開始先聚焦在最友善的小小聽眾，竟幸運的抓住了如浮木般的神奇力量，這樣的自信，讓我開始更誇張的表演，並試圖把戲劇感染力往外圈擴散。當我演到主角又叫又喊的時候，怪腔怪調、四肢抖動、臉部扭曲，我瞥見連同事們都被我逗得哈哈大笑、情緒沸騰，校長也不斷拍手喝采。

那是兒童讀物匱乏的年代，學生家裡沒有課外書籍，當我站在全校師生面前，開始說學逗唱簡單的故事時，即使大太陽下，我都能感受到孩子眼神中充滿濃厚的興趣。沒想到過去在師專培養的能力，讓我在這個學校開始有了清晰的位置，也讓班上的孩子感覺光彩。

朝會結束全班排著路隊一路走回教室，其他班級的學生們交頭接耳、指指點點：「ㄟ，他們班好好喔！他們老師這麼會講故事……」眾人羨慕的眼神，讓我的學生們不由得得意起來！然而，殘酷的事實是，進教室後，我準備要好好修理昨天數學考不好的一群孩子啊。

初任教師的幾個月，我常常處於道德譴責與現實難題的交錯與混淆中。內心常常不甘心的抱怨著：「如果不是身上背負著沉重的考試枷鎖；如果教室可以任由我主導學習內容；如果沒有家長、長官賦予的明確目標，我不就可以是那個站在升旗臺、盡情展現自我風格來詮釋故事的老師了嗎？」

為受挫的教學找到翻轉契機

真是這樣嗎？學校體制真的是創意教師的墳場嗎？

知道自己還能透過故事吸引孩子，無疑是黑暗的初任歲月裡的一道光。當時與最仰慕的黃連從學長談到這件事，他悠悠的提及，鼓勵我從說故事開始走出一條自己的教學之路。初聽，我還不懂故事跟教學有什麼關係，只意識到每天上課找不到重心，只是拿起教師手冊照本宣科，該唸的唸、該寫的寫，如果真能透過故事教學翻轉現況，我很樂意嘗試。

我常說我的教學突飛猛進的關鍵，完全是靠「故事」，這件事聽了有點玄，但確實如此。我蒐集了課本的故事，以及從報紙剪下來的故事，不只講故事，還帶著學生提問、討論，我對每天的課堂開始有了期待。沒有電腦的時代，我把討論的問題工整的謄在白紙上，然後讓孩子回家寫下答案，隔天一早最想收到的作業，不是制式的習作，而是我親手設計的學習單。

當年，我班上最弱勢的男孩，上廁所時常被幾個調皮的男同學抓弄生殖器，話說不清楚、智力又受損的他，總是只能哭哭啼啼的前來告狀。前幾次，我一聽怒不可遏，總是以棍子伺候這幾個男生，並恐嚇再犯就要送訓導處（現在的學務處），這些嚇阻根本起不了太大的作用。直到有一次我翻開師專筆記，閱讀恩師吳英長老師讓我們讀的幾篇文章，其中有一篇提到，爸爸和女兒關於生殖器的對話，溫馨爆笑卻是健康教育的絕佳示範，讓我終於開竅：「原來，故事不僅可以同理孩子的心情，還能不著痕跡的傳遞知識啊！」

通透之後，我開始展開了精心設計的「故事教學」。從最基本的故事要素：背景、起因、問題、解決、結果、迴響，先讓學生學會分析架構，一方面快速理解故事重點，二方面則是培養邏輯推理的能力。接著，從主題中試著連結班級事件，進一步讓學生自省自覺。例如：故事中爸爸可以生氣女兒抓他的生殖器嗎？為什麼你會這麼說？

原本挨打的幾個男生，每次我要揍他們之前，總是逼他們口頭承諾：「我錯了，我不要再抓同學的小雞雞！」現在，老師不想打人，只想聽聽他們的說法。起初他們都不敢相信，彼此看來看去推託笑鬧，直到有人開始發表，聽到別人對自己的評論，忍不住起來反駁。一來一往之間，偶爾陷入雞同鴨講狀態，不僅沒什麼偉大的結論，而且說實在的，很浪費時間，有時不免耽誤教學進度。但是，我的內心卻隱隱然有那麼一種感覺：「我好像知道自己為什麼要站在這教室了！」

德國社會學家韋伯（Max Weber）認為，傳統領導者，乃承襲某種尊榮地位，理所當然受人服從，一旦受到挑戰，為了維持尊嚴，就會直接攻擊打壓。然而，韋伯也提及另一種精神感召的權威，又可稱為人格魅力型權威，是帶著超凡的性格或力量，足以滿足眾人的期望與需求。

做為一個老師，如果只想維護「傳統權威」，就會永遠站在學生的對立面，相反的，如果我們願意為學生帶來希望，從而吸引他們的追隨，就要想辦法讓自己成為「魅力型權威」。還好，開學受挫一個多月之後，我終於試著放下棍子，並且拾起故事滿足學生的期望與需求。

3 怕輸，讓我們上了一堂驕傲的失敗課

「現在我們頒發上週的獎項，秩序獎、整潔獎和禮貌獎，得獎的分別是：三年甲班、丙班和丁班！」

「請班長代表來領錦旗，回教室掛在各班的門口，讓大家學習。」

導護老師在升旗臺上宣布各項競賽得獎班級。

一個年級就只有四個班，頒發三個獎項，我們班永遠都沒份。並非導護老師不公平，是我們班真的太不爭氣了！

這輩子我最討厭的就是考試、比賽或是競爭，沒想到當了老師還是無法擺脫這件惱人的事。

輸贏與競賽，曾經我一直想迴避

國中畢業考上高雄女中，但一心只想擺脫聯考的我，站在高雄女中門口，堅決不肯進去報到。還記得那年七月溽暑，看著長長的新生隊伍準備報到註冊，我跟爸爸有這麼一段對話。

爸爸：「你看，這麼多人都來念雄女，要當也當不到你，你怕什麼？」

我：「你看，這麼多厲害的人都來念雄女，我一定就是會被當的那一個！」

爸爸拗不過我，連註冊保留學籍都不肯，我直接拖著爸爸就去補習班報到。

當了一年「國四英雄」，從美濃鄉下第一次到繁華的都市高雄，原以為實力堅強，不時偷偷跑去書局看小說，雖然再次考上高雄女中，師專聯考的成績卻不如預期，只能勉強加考體育，才錄取臺東師專體育科。

儘管我對體育根本不感興趣，但相較於去念以升學為導向的普通高中，我寧願選擇進師專，終結聯考折磨。

天生厭惡考試或評比，怎會料到當上老師之後還要跟別人比？管好自己已經很難，更何況還要讓一班四十幾個學生聽話，每天乖乖打掃教室校園，早自習老師去開會不做怪，看見師長大聲問好，然後再比比看，到底哪一班最棒？

每週一全校頒獎，都是我心情最差的時候，雖然我是菜鳥，輸給其他幾位資深老師很合理，但是，家長會這樣想嗎？校長、主任會同理你的處境嗎？學生會因輸給別班就奮起直追嗎？不會，當然不會！我只能默默含淚望著別班興高采烈，回到教室訓斥學生：「連一次錦旗都沒拿過，我怎麼這麼倒楣，教到你們這種班？」

就算當了老師，我依然無法擺脫非贏即輸的魔咒，且我真心認為這種比賽沒什麼教育性。這深植心中的教育遺毒，也成了我揮之不去的夢魘。

四年的初任生涯結束，我轉調南師附小（現南大附小），最高興的莫過於沒有班級競賽這件事。沒想到這學校對比賽更加狂熱，特別是校慶運動會前夕，附小的家長們很可愛，還會自動組成緊盯班級賽事的熱情啦啦隊，這對班級導師無疑是「壓力山大」，而且年年輪番上演，簡直苦不堪言。

後來慢慢了然，是想起恩師吳英長老師曾經跟我們上過的一堂課——「輸家物語」，這是作家亮軒的真實故事。文中寫到他在美國紐約赴校參加期末考試，卻遇到大塞車無法脫困。若趕不上考試就沒有成績，沒有成績自然無法拿到學位，辛苦的留學生涯，就是為了拿到學位，卻被交通拖累，眼看著所有努力即將化為泡影，內心的不甘可想而知。

然而，當他不抱任何希望，念頭一轉：「沒拿到學位又怎樣？人生就完蛋嗎？我能否去跟教授說明紐約黑暗的交通……」，不再糾結眼前災難，暫時放下執念，開始跟黑人司機暢聊留學美國的種種趣事，說著笑著，奇妙的事情發生了，眼前看似打結無解的車況竟然順暢了。最終，他趕上考試，順利拿到學位。

仔細思考亮軒的故事，原來「比賽」本身不是重點，我就是怕輸而已啊！好吧，既然無法左右輸贏結果，願不願意調整自己的心態，倒是可以全然作主的。或者，我努力研究戰術，特別是學生很想贏的時候，藉機向厲害的同事請教學習，我也可以跟著進階。如果努力過後還是輸了，何不讓學生從中學習，來堂驕傲的「失敗課」？微軟創辦人比爾．蓋茲（Bill Gates）不就說過：「成功是一位糟糕的老師，它誘使聰明人誤以為自己不會失敗。」（Success is a lousy teacher, it seduces smart people into thinking they can't lose.）

這樣心態的轉變成了我日後應對輸贏的祕密武器，我開始向同事請教學習，不再怨天尤人；我懂得如何改變家長對成功的定義，讓家長和我站在同一邊；我享受每一場賽事為班級帶來的正面意義——可以為失敗哭泣，卻永遠不要懼怕下一場賽事。

這次輸了，卻上了珍貴的一課

以下這封給家長的信，就是拔河比賽輸掉後的一堂課：

親愛的家長：

上個星期三我們對五丁的第一場拔河比賽輸了，因為輸了，所以我們有了許多很有意思的對話與教學。

對孩子而言，每年的團體競賽項目，尤其是拔河與大隊接力總是重頭戲，贏的班級高興的連做夢都會笑，反觀輸的班級唉聲嘆氣不說，嚴重時還會摧毀全班的互信基礎，甚至相互攻擊謾罵。如果比賽只帶來這樣的結果，真是令人遺憾，因為最重要的教育意義不但沒有被彰顯，還遭致反效果，一夕間擊潰了長時間努力的班級氣氛。

比賽結束剎那看到孩子們因為輸了，低氣壓籠罩整間教室，於是接下來的一節課，我知道該是溫老師介入的時候了。

一、同理心

一坐下來，我就對孩子們說：「拔河輸了心裡一定不好受，對嗎？其實我也跟你們一樣呢！沒有人喜歡輸的感覺嘛！」孩子們神情落寞的輕輕點了點頭，表示認同。

二、明確誠摯的表白

接著我語氣堅定的說道：「記不記得老師在拔河前提到，只要全班盡心盡力團結一致，態度一百分，對我而言你們就是贏了。」聽到我這番簡短但誠摯的表白，孩子們落寞的心情稍稍釋懷，因為在這個組織裡，我是他們最重要的依靠與指標，老師的一言一行都牽動著孩子的神經，如果這場比賽的結果，我真的不失望、不生氣，孩子心頭的壓力一定頓時減輕一大半。

三、獎賞比賽態度

為了表達安慰與鼓勵，我特別請全班喝運動飲料，並且讓每個孩子都領一張初級獎，而且還開玩笑跟孩子們說：「你看，比輸還能喝飲料，證明你們在老師心目中並沒有全盤皆輸。輸了面子贏了裡子，也很不錯呀！」

四、輸了比賽，至少可以贏得「興味」

過了幾天，當情緒漸漸紓解，孩子的心頭已不再被失敗所綁架，於是我展開第二階段的教學。第一時間孩子的傷痛剛造成，最重要的是讓傷口癒合，不過復原之後就要重新出發，繼續接受下一波的挑戰。

首先我們很誠實面對失敗的事實，並且檢討過程中可能造成失敗的原因。以這次拔河為例，會輸給丁班，除了他們的體格占優勢之外，我們在技巧的練習太少，應該也是原因之一。既然第一次的戰術不管用，我們就換另一種，實驗看看成效是否會好一些。這個星期就撥了兩節課的時間展開特訓。下星期一迎戰五丙，就知道新策略是否成功。

除了面對問題、提出具體的改善方案之外，我還跟孩子們提到一個非常重要的觀念：人生在世，不管任何時間或場合，如果不幸輸了，最重要的就是：絕對不能輸掉高昂的鬥志與對事情的興味，「興味」是「對……有興趣」，這是一種「想知道……，想了解……」的概念，相當於英文中的「be interested in」。倘若提升「鬥志」仍無法預知能否扳回一城，那麼「興味」這一項，你想贏就能贏啊！比賽期間，就盡情享受嘉年華會般的精采與感動吧！

想起希臘德爾菲（Delphi）阿波羅神廟入口處鐫刻的箴言：「認識你自己」，原來最熟悉的陌生人莫過於自己。人生是一連串的比賽，不應把目光放在每場的輸贏，而是要充分的享受全力參與、自我挑戰的興味！若是對過程毫不在意，注定輸多贏少；反之，盡情投入之後，即使結果未能如願，但豐盈的體驗與成長，就是自我獎賞的桂冠。

4 你不會，是因為老師還沒把你教會

「你們在寫什麼啦！到底有沒有聽？我昨天已經講一百遍了！」怒氣沖沖的我，不僅開罵，為了發洩心中不滿，還把全班的簿子重重摔在地上。

「老師，可以再拿回來寫嗎？」班長怯懦的問。

「不然是要我幫你們寫嗎？每個人把自己的爛東西撿回去重寫！」我雙手叉腰，眼神透露著殺氣，恨恨的看著學生撿拾簿子的驚恐。

為了讓全班成績有起色，我日夜努力研究教學策略，還四處蒐集有趣的教材，以補充課本的不足。我的用心不在話下，但恨鐵不成鋼的失望神情彷彿烙在我臉上，隨時提醒學生，他們的表現有多差勁。

換個位置，習得深刻的同理

罵完學生，憤恨不滿的情緒中夾雜著一絲不安，冷不防的，眼前浮現就讀師專體育科的過往……

「溫美玉，我警告你，再用這種方式揮棒，你的腳遲早會斷掉！」有「女魔頭」稱號的顧老師斜著眼，朝著我狂吼與咆哮。

「嗚嗚嗚……老師，我真的不敢跳，那箱子太高，我有心理障礙啊……」北風呼呼的蕭瑟校園，連手腳最慢的同學，都已經扛著行李返鄉放寒假，空蕩蕩的體操教室只剩我還在補考，我明白跳不過的不僅是自己笨拙的身體，還有沉重不已的自卑感……

「白痴，你要去擋球啊！竟然讓球長驅直入，你是腦子壞掉還是眼睛放在寢室沒帶出來？準備死當吧你！」

師專畢業超過三十年，但不同體育科目、諸多老師眼神中的鄙視、臉上的無奈、手腳憤怒起舞的畫面從未消失，腦海中的開關鍵，一按隨時都能播放。

這一幕幕影像，是五年師專生涯不堪的痛楚根源，也是畢業後最不想回顧的過去，諷刺的是，那個被推入痛苦深淵的溫美玉，曾經孤單無助的在自卑的無底深淵苟活，習得的竟不是悲憫與同理，而是把我曾經飽嘗的咒罵與恐嚇，一次次施加在自己學生身上。這究竟是一場報復還是無止境的輪迴？

憶及最撕心裂肺的凌辱，我曾幻想殺了這些沒心沒肺的老師，今日，我在教室卻複製著他們昨日的形象，這樣的我與他們有何不同？

思及此，雖全身冒著冷汗，心虛羞愧不已，卻也在同一時間徹底醒悟。當年我的老師是真心想讓我好，只是，他們不知道讓學生失去尊嚴，讓學生感到自卑，是最糟糕的學習體驗，受害者輕則影響自身的學習動機，重則如我竟然不自主的戕害下一代。

把心裡的結打開之後，我決定勇敢跟孩子坦承：

「老師很痛苦，我不知道要怎麼把你們教好，我很怕你們換了新老師，只會講故事、搞笑，結果考試都考很爛！

「我想起以前念師專很多科成績很糟，我的老師已經對我失去耐心，一直罵我，我只好躲起來哭……

「我很羨慕那些體育很厲害的人，他們都說很簡單，只要怎樣怎樣就行了，可是我就是沒辦法做到那樣……

「每次我罵完你們，其實下課之後我都會很後悔，我覺得自己很差勁，教不好還對學生這麼兇……

「以前老師罵我，罵到我沒有自尊心，恨不得一把將他們打倒，他們消失就不能再逼我。現在，我心裡很害怕，你們是不是也想這樣對付我？」

從小我就是一個愛講話的人，常因為愛講話被老師罵，就在教書嚴重受挫、走投無路之際，我把憋在心裡的委屈和恐懼毫無保留的一股腦兒說出來，愛說話反倒成了一座橋。突然走到學生面前示弱，坦承老師自己的不足與怯懦。孩子聽得似懂非懂，眼神裡充滿好奇與懷疑，然而，至少掙脫些許桎梏，我已感到前所未有的暢快了。

沒有人喜歡自卑感。剛開始教書不懂得心理學，總以為藉著嚴厲鞭策提升學生成績，他們就能擺脫自卑感，沒想到，我卻成了學生自卑感的製造者而不自知。

明白了同理心的重要，但一時半刻之間想要徹底改換面，無疑是痴人說夢，畢竟教學進度壓力沉重，加上教學技巧有待琢磨，只能在不斷犯錯、不斷修正中，讓師生的默契持續進化。

與孩子對話，日記寫作拉近師生的心

教書第二年，我突然想到，何不讓孩子寫日記？既然想要訓練他們寫作，教室裡又有這麼多新鮮事，這些題材正好拿來發揮，如果每週寫個兩三篇，我不僅更能掌握學生狀況，他們的寫作能力一定也會大幅提升。

沒想到這個簡單的構想，成了教學極大的助力。

日記讓我跟孩子有了深刻的對話，在這個文字時空中，我成了他們的貼心大姊姊或是輔導老師，他們記錄生活的酸甜苦辣，有時也很不留情的批評我的不是，奇妙的是，我常會心一笑，或者毫不在意，學生發現寫下心裡的話不會被老師責罵，甚至和他站在同一陣線，那種從沒想過的親近感與熟悉感，同時也把師生間的距離拉得更近了。

帶著這樣的情感再次站在講臺上，諸多不順眼的「鳥」事，例如，作業遲交、沒寫，我的情緒爆炸頻率大大降低。因為我明白，這學生之所以缺交功課，是因為昨晚「三缺一」，爸爸又強迫他上牌桌打麻將。這樣的失能家庭讓人萬分沮喪且無奈，但，學生何其無辜？我最起碼可以不要公然羞辱他，也許，讓他對這世界還能懷抱一絲期待吧？

然而，當我真正發自內心覺得，自己已經不會再讓學生感到自卑，竟也是教書二十年後；也是到了此刻，我終於擺脫長久以來的自卑情結。

「小婷，恭喜你，你解脫了！」我欣喜又認真的看著她。

「老師，我都還學不會，考試不知道怎麼辦，你是故意這樣說的吧！」乖巧的她眉頭深鎖且不解的看著我。

「這題是挑戰題，即使考出來也不會讓你零分，你還有基本題可以把握。我的想法是，你不如先好好熟練那些已經懂的題型。」我依然微笑著正面肯定她。

「所以，我學不來，老師不會生氣嗎？我考得很爛，老師覺得沒關係？」孩子不敢相信我所說的話。

「親愛的寶貝，我剛剛看你這麼絞盡腦汁不放棄，你知道我有什麼感覺嗎？我覺得你已經滿分了，這個滿分也許不在數學考卷，可是我相信，它會出現在你擅長的領域，例如漫畫。去吧！好好畫圖，請爸媽不要再讓你去補數學了，你是未來的漫畫家啊！」我真心誠意說出心底的企盼。接著，我給她一個深深的擁抱，放了她，也放過自己。

看著女孩微笑離去，我不斷回味著：「你不會，是溫老師的錯，因為我還沒把你教會！」話音落地那一瞬間，心底升起一股喜樂與驕傲，我終於體會到吳英長老師說的「教學美感」，這四個字的境界。這境界是師生心意相通後，即使對眼前問題依然束手無策，卻不因此相互詆毀、埋怨對方，將他打入自卑的深淵，相反的，是彼此激勵共好，成為更好的自己。

5 把一個人，活成一支隊伍

剛開始教書時，我在彰化任教的學校，學生一到六年級都不分班，而我一報到，就接任了三年級的級任導師。

學生不分班直升上來，最大的隱憂就是家長會不自覺在心中比較新、舊老師，甚至將這些焦慮化作實際行動。

這個班級低年段的老師在校內相當資深，不管在教學經驗還是家長互動關係，即使班級已不在手上，依然扮演舉足輕重角色。

這讓我面對新班級倍感壓力，可以用腹背受敵來形容。不僅要做好帶班與教學本分，還要滿足家長的期許，更得防範「背後靈」的騷擾。

從瀕臨崩潰的邊緣把自己拉回來

我不過是一個二十一歲的菜鳥老師，能有什麼教學經驗？除了十足的熱情，其實就是一張白紙。

果不其然，最常在學校走動、打探消息的家長，得知我曾經拋下學生，讓學生差點集體回家，等不及我熟稔上手，就聯手原導師放出對我極其不利的風聲：「這個菜鳥老師真的什麼都不會啊！學校怎麼可以把我們的孩子當白老鼠呢？我們應該聯合抵制……」

同事們跟我不熟，無人緩頰協調。那兩個月，面對四處竄起的耳語，暴怒、委屈、孤單、痛苦……如影隨形，負面情緒就像溼衣服，誰想穿上？但我想脫，卻脫不下來。

更可怕的念頭是：「去死！」

不是我想死，而是，我不斷詛咒那些讓我難堪的人，統統去死！

不過，被我詛咒的人都好好的，倒是我自己，真的差點送命。

就在瀕臨崩潰邊緣的時刻，下班時分，馬路上車水馬龍，我彷彿無魂的軀殼，騎著車漫無目的晃著。

「叭……叭……叭……」耳邊傳來巨大聲響，原來，我闖了紅燈，大卡車差點撞上我的機車。一回神，我已嚇得魂魄幾乎要飛了！

千鈞一髮之際，司機機警剎車，憤怒按下讓耳膜爆破的喇叭，身體幾乎要衝出車窗外，張牙舞爪大吼：「幹！想找死啊你？」

逃過一劫、驚魂甫定的我，狼狽不堪的把車停在路邊，淚已經止不住，兩條手臂趴在機車頭，圈住整張臉，抽抽噎噎，不再壓抑自己，只想大哭一場，好好宣洩這段日子的委屈。

我真的很笨嗎？我沒有教學熱情嗎？我怎麼會把自己搞成這樣？我不甘心啊！

路上熙熙攘攘的車潮川流不息，每個人都趕著回家，只有我孤立在陌生的街道上，根本沒有人在意發生了什麼事，即使我剛剛差點命喪輪下！

「不就剛開始當老師，是要這樣一直被看扁嗎？再爛，再糟不就這樣？還能壞到哪裡去？」

跌落深淵無人聞問，突然羨慕剛剛那個卡車司機，他竟然敢罵：「幹！」（喔，我也好想罵啊！）

情緒平復後，打了電話給恩師吳英長老師。電話中，老師耐心的聽我跳針似的描述近日的慘況。

「就先給孩子說故事吧！這是你最大的優勢。」吳老師除了同理接納我的負面情緒，更像一位職場生涯規劃師，快速錨定了我的問題。

「記得，藉由故事發展學生的閱讀與寫作策略，還有學習的監控系統，否則，你也就只是個會說故事的老師。

「去，找到同事或學校的痛點，盡全力協助，讓他們願意接納你，進而喜歡你。」

全方位努力，讓自己身上住一群能幹的人

若教學生涯是一場馬拉松，吳老師用「遠見思維」，清晰的擘劃了初任教師的發展策略。這麼清晰的藍圖，讓我頓時從惡夢中甦醒。原來，在教學馬拉松當中，要能持續前進，需要具備宏觀視野，勾勒教學願景；然而，於此同時，更重要的是展現多元的特

質與能力，而且要非常具體可行，例如：講故事、帶校隊、做班級行動研究、創新教學讓學生上課有事做……

彷彿找到了茫茫大海中的定海神針。我試著擺脫內心積壓著的烏雲，每天記錄教學歷程，也開始寫作。

為了激勵自己，我開始投稿件到報社。印象中，國語日報刊出的第一篇是〈菜鳥慢飛〉，我把自己一堆烏龍事件，化做一行一行的文字，調侃自娛之餘，也讓受傷的情緒隨風而逝。除此之外，我也將吳老師心心念念的讀寫策略，在教室實踐後，陸續寫成文章投稿。其中有一篇〈《明鑼移山》的教與學〉，更引起趙鏡中博士提筆投稿反駁，當時他更推崇楊茂秀老師以「兒童哲學」進行閱讀思辨，而不贊成我的教學方式。在教學現場，礙於目標達成與時間效益，不免限縮了討論的廣度以及另闢議題的可能性，這是因時因地的選擇，無關乎對錯是非的問題。後來，我與趙鏡中博士因此而結識相熟，可謂不打不相識。

我就這樣持續努力教學與投稿，同時大量剪報蒐集資料，慢慢的我在帶班、上課都累積了更多祕訣心法。

仔細觀察學生，他們依舊調皮搗蛋，大過、小錯也沒有停止。然而，即使是稍稍改善的師生關係也鼓舞著我，至少，發過脾氣後我會問自己，還有其他解決方法嗎？這個改變說起來很簡單，但往往是新手階段的年輕老師最欠缺的。

遺憾沒機會教低年級，愛講故事的我，就利用每週的兩節空堂，當起孩子王，為同事的小孩義務說故事、演戲，並教他們怎麼寫故事。另外，也協助指導學生參加演講比賽和說故事比賽。

還有，雖然主要任務是擔任導師，我做了幾件看似跟班級教學無關的事，卻成了自我鍛鍊的武功祕笈。那就是，體育科出身的我，讓自己在校內體育相關事務受到倚重與求助。

比如當時，放學之後我會去游泳池，協助游泳教練訓練校隊；一早到校，先到操場協助同事訓練田徑隊；學校運動會前夕，幫忙帶練大會舞等。

當時並沒想到，這些付出會讓全校老師對我刮目相看，而且人緣指數暴升，單純覺得單身的我，下班後也很閒，能多做就多做一些。反倒是後來調到臺南，自己也步入婚姻與家庭，體驗了終日忙亂的狀態之後，終於明白當時為何會廣受愛戴了。

我當老師的第四年，調職前最後一學期，校長破天荒跟彰化縣教育局報備：「我們學校的週三研習，要聘請溫美玉老師當講師，請她跟全校同仁分享語文科教學心得，連續七週。」聽到這個消息，真是比得獎還驕傲，這代表著教學專業得到認可，還有同事之間的情誼。那些比我資深的同事，願意讓我站在臺上、聽我講課，還有什麼比這更驚天動地的？

這幾年，兩次應邀回學校演講，已經退休的同事還特地回來，跟在校老師們一起研習聽講，表達支持與鼓勵。

分享結束，我抱著這些大姊老師，再次向她們撒嬌。彼時，內心的悸動與記憶，猶如海上狂風大作的浪花，重新高高捲起迴盪。千層迷霧中，依稀看見當年無助的菜鳥，大海如此廣闊，卻不知道該飛往何處？

近日，讀到一句話：「把一個人，活成一支隊伍。」當下浮上心頭的就是恩師吳英長的身影與話語。

教學路上的我，不斷讓自己身上，住著一群能幹的人。

想像在腦海裡給自己設置幾個分身：
是負責教學研發設計的老師，精益求精，永遠朝最新且高效的教學努力。
是滿足學生學習需求的老師，以學生為本位，學生在教室就是要有事做。
是能夠跟家長、同事、學校溝通的老師，在團體裡熱情服務，正向樂觀以對。
「把一個人，活成一支隊伍」，這句話很適合送給當年仍是菜鳥的我，也送給或許正身陷迷茫的你，希望你也能撥開迷霧、找到方向。

6 偷竊事件，老師必修課

「溫老師，代誌大條囉！我兒子今天被我逼問出來說，你們班好多個男生已經去『裕毛屋』偷三次了！」晚上一位家長氣急敗壞的打電話跟我通報。

「我們班？是誰？怎麼偷的？……」我不敢相信話筒另一端傳來的消息。

「我兒子本來今天也要跟去偷，這個阿呆一說謊就會被我抓包，我才知道，連班長也去偷了！」這家長跟我交情不錯，好意讓我知道。

「什麼？班長？他才剛當選模範生耶！他也有份？可以讓你兒子來直接跟我說嗎？」我的情緒已經瀕臨失控，不想再像擠牙膏似的拼湊事件。

接著是直接衝到這學生的家裡，進行一連串的事件始末核對，喔不！更正確的說法是「審問」。這孩子因為在群體中較為弱勢而未受邀，僥倖逃過一劫，但因為他已「覬覦」多時，對情報有一定的掌握。

初次遇到偷竊事件的震驚

這實在超乎我的教學經驗。之前我聽過學生到福利社偷糖果，現在卻牽涉到校外的大型知名商店，我連問話都亂了套，更難堪的是，我是導師，卻被蒙在鼓裡長達兩週，也因為我的疏忽與不察，讓這群孩子食髓知味，竟然已經偷了三次。

當年的裕毛屋超市，以販售日本進口文具及民生用品為主要特色，在舶來品稀有的年代，那些令人眼花撩亂又高檔名貴的文具實在誘人。然而它走開架式良心商店模式，不裝設監視器，竟讓附近小學生遂行偷竊行為。

我突然想起，前陣子因為地方報紙的報導，校長還特別叮囑導師要注意自己班上學生，沒想到，我帶的班級（四年級）已經偷了三次，每次還出動六至八人互相掩護，卻沒被逮著！

整個晚上我在床上輾轉難眠，是該慶幸還沒被報導讓學校蒙羞，還是該羞愧，店家平白損失卻沒抓到賊？

隔天，我早早就坐在教室等一群「小偷」進教室。沒錯，我當時內心就是這麼鄙視與憤怒！這種惡行簡直不可饒恕，不敢想像如果真的被逮到，學校會怎麼看我？家長又會怎麼批判我？

全班到齊之後，我連問都不用問就一一唱名，把所有參與的男生先打一頓，以洩我心頭之恨。接著是一輪猛烈的「道德」轟炸，現在想來都覺得恐怖至極，一個老師怎能瞬間讓自己變成上帝、聖人，劍指眾生，還滿口仁義道德，彷彿自己這輩子從未沾染一絲一毫的塵土。

可是，我真的毫無瑕疵嗎？

小時候住在物質貧乏的鄉下，肚子餓時，要不是去偷挖鄰居地瓜再到田裡「控窯」，就是偷採水果解饞，被追著打時，不但毫無羞恥，還會咒罵主人家小氣。再長大一些時，已經明白社會現實，為了維護人際關係，或者企求過關，考試作弊也偶爾為之，同學之間把這種行為當作「正常社交」，沒人會大驚小怪。

然而現在，我卻掄著大刀對著手無寸鐵的學生磨刀霍霍，外加恐嚇：「馬上把所有偷的東西交出來，不然，我會通知警察把你們抓到警察局。」除此之外，少不了電話告知家長，讓家長好好管教，晚上我再親自到每一個家庭訪問。

家訪，讓我對處罰重新思考

那一年的秋天來得特別早，淒冷的秋風吹拂，街景更形蕭瑟，電話中隱隱然感覺家長的怒氣，我開始緊張。

當老師的都是刀子口豆腐心，在學生面前話一定說得很重，然而，這些話如果轉述給家長，家長跟自己孩子在親情連結之下，心理衝擊往往更勝於老師，他們的心情肯定極為糾結複雜。

傍晚下班後趕緊騎著摩托車，繞著那個家家戶戶都是客廳兼工廠的社區，即使出身客家農村的我臺語十分生澀，也得親自一戶挨一戶的走動，希望家長手下留情。

第一個抵達的家庭就是班長家，我一進門看見跪在神龕前的班長，突然覺得自己好殘忍，這些小鬼白天已經被我修理又臭罵一頓，結果我的一通電話，讓家長晚上再度出重手。一旁板著臉的父親，兩手專注忙著操縱機器，散落的半成品堆滿了小小的客廳，看得出來正在加緊出貨，這是為了每一天的三餐拚搏的家庭，他們不懂得同理孩子也就罷了，而我竟然還在旁煽風點火告御狀。孩子看到我開始流淚，可以從眼神中讀到他發出的求救訊號，他是班長，是模範生，是我寄予厚望的孩子，正因為他也同流合汙，讓我感覺深深的挫敗，可是，看見他無助的模樣，我的心瞬間軟化；再細看他兩條腿上的鞭痕，使我愧疚又自責。

「爸爸好，其實我都有處理了，我有叫他們不可以再偷東西了，你不要再處罰孩子了！」我想辦法幫孩子說話。

「謝謝老ㄙㄨ啦！加拍謝，溝乎老ㄙㄨ走一抓，伊哪謀乖奏哩啪謀要緊！」家長以流利的臺語感謝老師，還要我盡量打沒關係。

「你可以讓他不要跪了嗎？他已經知道錯了！」我自作主張走過去，一把將班長拉了起來。

孩子害怕的躲在我背後，爸爸尊重老師也很給老師面子，臭臉教訓了孩子幾句，說既然老師都親自來了，就修理到這裡，下次再犯，就沒這麼好命了。

接下來幾個學生的家裡，差不多都是這樣的畫面，諷刺的是，白天我扮演殺手，到了晚上卻化身為救命的俠客。

這個偷竊事件中，我的情緒從剛開始聽到時的震驚恐慌，接著是感覺被學生背叛的憤怒抓狂，後來卻急轉而下，發現家長對學生嚴厲體罰時，我充滿羞愧與不捨，最後一切如鬧劇般結束後，則產生強烈的自我懷疑：我的危機處理真的及格嗎？

看見自己不完美，讓我能成熟處理

偷竊事件發生時，我和這些孩子已經相處一年多，我像一頭受傷的猛獸，不僅感覺遭到背叛，更急於保護自己，我是如此恐懼，好不容易建立的班級秩序，以及我在學校的個人評價，是否會一夕之間全盤崩毀？

深深的恐懼帶來怯懦，我完全不敢在第一時間承認自己過於驚嚇，導致無法有智慧的面對並處理。沒有成熟的處理能力，又怯於向周遭尋求支援與協助，孤軍奮戰的結果就是一團混亂。

看似大動作處理偷竊事件，希望學生未來行得正、坐得直，但從我自己到家長的方法皆拙劣不堪，最終目睹學生或下跪或被責打羞辱，明明是希望學生變好，我內心卻縈繞著罪惡感。

爾後幾年，班級幾乎都會發生類似的偷竊事件，相較於發生在校外，教室內的事件單純許多，自己也不再那麼手足無措。首先要承認老師自己也會恐懼，也會擔心外界評價，此時，不妨大方開門迎接，甚至邀請「恐懼」入住一段時間；靜下來聆聽恐懼想傳達的信息或提示，和處理事件一樣重要。

比如，發生這樣的事件，受傷的豈止是學生？老師、家長也會覺得自己沒有盡到教導的職責，為此感到內疚與自責，而且還得擔心處罰的分寸拿捏不好，造成學生日後的陰影與傷痛。

退休前幾年，一位因父母離異而缺乏安全感的小女孩，成了班上的慣竊。細究原因，她心裡可能這樣想：「既然你們不能主動提供我的需要，不管是物質還是情感上的，我就直接『偷』！」

經過歲月洗禮與體悟，再度處理這樣的事件，我有了不同的思考與手法。

「親愛的小靜，溫老師想跟你談談好嗎？」將近半年的相處，這已經不是她第一次偷竊，這之前我們彼此承諾、相互約定要改變，我會慢慢等她。然而，又一次撕毀信任，她走向我的腳步顯得異常沉重與緩慢。

「嗨！我發現一件奇怪的事，想要請教你喔！我算了一下，這學期開學已經兩個月，你才偷一次，為什麼？其他時間你為什麼都不想偷呢？」我想讓她看見自己的進步，而非數落她這次的再犯。

「嗄？什麼？」小女孩滿臉問號，眼前這位老師，竟然問她為什麼沒有時時刻刻都想偷，這是什麼問題啊？

「就不想偷啊！又不是每天都在想偷東西，偷拿別人的東西會很害怕耶！」她終於回神，而且篤定的回答了我的怪題目。

「那，不想偷的時候心情怎麼樣？你喜歡這樣的情緒嗎？」說著，我馬上拿出「溫老師五卡板」讓她指認圈選。

「安心、解脫、期待……，還有……自豪。」

「喔，我很好奇，期待是怎麼來的？你想說什麼？」我試圖讓她自己直面未來。

「我期待我不要再偷拿別人的東西，我不想再讓同學討厭我……」瞬間她崩潰大哭，而我則快速緊緊摟著弱小無力的她，彷彿也抱住那個曾經在初任教師時跌落恐懼深淵的自己。

原來，真實勝過完美，強迫自己扮演萬能的上帝角色，注定要傷痕累累。當我們擁抱內心的恐懼與痛楚，將幽暗的通道一一打亮，慢慢往前走，才能活出更真實、更完整的生命。

7 最苦最累的小組討論，教學生涯的一道光

如果教到的班級很難帶，有機會重新選擇，你會怎麼做？應該沒有人想繼續留任吧？尤其，這個班級一到六年級都不分班，如果不跳離，就是原班人馬繼續與你糾纏。

回鄉或留任，我的教學生涯轉捩點

在第一個學校即將任滿兩年時，我終於有機會擺脫原班，而且過去的幾個月我積極尋找老家高雄的學校，一心想著要離開這裡，拋開過去重新開始！

當我跟校長表明想調校時，他竟然當著我的面，直接撥電話給我爸爸：

「溫爸爸，我是美玉的校長，唉呀！你不要叫她回家啦！我們都很喜歡她，家長學生也很需要她，才教兩年怎麼就要叫她回家呢？

「這樣喔，你沒有叫她調回家啊？那太好了，所以你不反對她留下囉！那我來跟她說，謝謝啊！」

明明是爸爸捨不得女兒離鄉背井，希望我能返鄉就近任教，才一直慫恿我調動，怎麼校長一通電話，爸爸就完全棄守？雖然沒有看見爸爸接電話的樣子，但我可以想像鄉下人接到校長的來電，大概等同我們突然接到總統的電話，舌頭瞬間打結。

「美玉老師啊！你看，你爸爸也希望你留在這裡呀！如果想換班級，這次校長就可以幫忙了，你也不用再這麼辛苦，我知道這個班真的不好帶！」校長非常誠懇又堅定的跟我保證。

離開校長室，整個人陷入兩難。

然而，真正的為難其實來自我手上吳英長老師的一封信，這封信不僅改變了我的教學生涯，也開啟了日後我在教學專業表現的契機。

教書第一年結束的暑假，我回到臺東進修。因為沒有學士學位，五年制師專生一律都要回師院進修，四個暑假正好抵兩年的大學學分。我選擇報考已經改制的母校臺東師院（民國七十六年由師專改制為師院）繼續追隨恩師吳英長老師，長達兩個月的暑期進修必須住在臺東，不必天天通勤，多了安靜省思的時光。

每回課程結束，我都會直接跟吳老師進行深度對談，或者提出我的教學思考，後來才明白，這種傳統師父帶徒弟的「非典型傳承」，有多麼珍貴細膩。那年我遭逢感情生活與教學生涯的雙重挫敗，無疑的，這是自我否定最為強烈的一段時期，一個受傷的老師，傷得最重的其實是不再相信自己，也不敢再把自己交付出去。

該怎麼修復自己、重新出發？這年六月吳老師的來信，給了我非常明確的方向：「工作治療」。

什麼是工作治療呢？說穿了，吳老師希望我留下來，自我挑戰把這個班帶到畢業，因為已經教了兩年，原班人馬升上高年級，就能延續之前的教學研究。

而且，吳老師為了激勵我，在來信中還提及，如果我繼續把這個班帶上去五年級，他想把我排進學弟妹「畢業環島教育實習」觀課名單。

我把這件事告知學校同事，同時也是東師的學長姊們，他們個個瞪大眼睛，露出驚訝與不可置信的表情說：「美玉，是吳老師耶！能被他指定教學觀摩，你要感到一百萬分的驕傲啦！」

為了有尊嚴的站在講臺上

這場教學觀摩，不僅肯定了我在暑假進修後，回到教室的教學有所長進，更重要的是，讓我有信心，明白或許我有潛質完成吳老師心中的教育大夢。

吳老師當時最期待的是，有人能真正落實「小組討論教學」，這是在國外已經行之有年的師生互動模式，可是放回到民國八十年代的臺灣教育，雖然已有學者專家倡議改革，但距離吳老師心中的理想還是有段差距。

吳老師認為，小組討論是由「小組」和「討論」兩個詞所組成，「小組」只是形式，若組員未對學習內容進行「實質」討論，就不能稱為使用「小組討論」方式學習。

試行之初，我天真以為只要學生會說話，就可以把小組運作起來，沒想到，學生只要排成小組形式，就自動切換成聊天模式，整個班吵成一團，光是維持秩序就耗費我大量的時間與精力，也難怪若要顧到教學進度，沒有哪個老師會想嘗試改變。

好不容易，經過訓斥與引導並行，學生終於慢慢認知何謂小組討論。但更頭痛的問題是，組長根本不懂如何提問，組員間也不曉得如何「有效互動」，於是，不斷打長途電話到臺東跟老師來回溝通，成了我的家常便飯，吳老師只要出差到「板橋研習會」（現在的三峽國教院），也會不辭辛勞的到彰化來指導我，正是在這兩年，師徒聯手全力實踐所謂的小組討論教學。

箇中辛酸，現在回首都是甘甜有趣的。其中，最難忘的是「土法煉鋼」的教學研究。不若一般正式研究生，必須先紙上作業、模擬，還有問卷及參考的理論……，我所面對的就只是一間教室、一群學生、一個老師，還有背後那個將一生奉獻給小學教育的「吳老師」，他總是對所有的小學老師說：「吳老師要讓你們有尊嚴的站在講臺上。」

相信吳老師，我也相信只要「小組討論教學」真正落實，爾後的每一天，我都能有尊嚴的站在講臺上。

其實因為師專時期的訓練，我早在教學之初就嘗試小組討論教學。只是，沒有特定教學目標，很容易流於形式，或者一遇到阻礙和壓力就放棄。一直到吳老師告知我要做行動研究，並且需要到板橋研習會發表研究論文，我才開始加緊研讀老師給我的相關理論，搭配教學現場蒐集各種佐證資料，正式啟動小組討論教學研究。

萬丈高樓平地起，首先，我得親自示範什麼是有效的討論。

我把全班分成七組，每組六人，指定一位當組長。為了訓練組長，也讓全班看清楚整個小組運作的歷程，我請小組長當我的組員，我則示範小組長角色，把桌椅搬到教室正中央，讓全班觀摩。

我一邊扮演組長跟所有小組長們互動，一邊不時跳出來提醒全班，我剛剛運用了什麼技巧，例如：

一、「我重新確認，你的意思是說……」（澄清：重複對方的語意，確定自己或別人沒有誤解）

二、「我很同意你剛剛的說法，因為……」（理由與證據：引導成員反省自己所提出的理由）

三、「除了這個觀點，還有其他想法嗎？」（多元觀點：引入更多不同意見）

四、「根據你的意見，會有什麼結果呢？」（推論：思考有關後果的問題）

接著，最瘋狂的場面來了！

一班四十幾個孩子在教室小組討論，簡直是一場災難。每一組都像菜市場，為了壓過別組只好扯著喉嚨發言，剛開始進行小組討論的老師，通常都是因為這慘況而罷手，因為光是一再打斷討論與提醒降低音量，課堂時間就不見了。這還是其次，更怕的是吵到隔壁班老師來抗議，還有校長、主任都會巡堂，我得充當「報馬仔」，一有風吹草動就要請學生停止討論。

後來，我發現根本無從管控每組的討論品質，只看到幾顆頭湊在一起，至於小組內部之間能否正確聆聽且有意識的回饋，只能期盼真有這麼回事。

異想天開的我，開始打起週三下午的主意，因為這時全校沒有學生，每間教室都可以商借使用。我想到只要把每個小組分開討論，不僅能降低音量，我還能在旁邊聽清楚到底說了什麼！欣喜之餘，開始腆著臉跟同事商量，幸運的是，這些同事真的好支持我，我說吳老師要來，我必須做實驗研究並找出數據，跟吳老師的學生做教學報告。理由充分加上校方大力支持，以為會很順利，然而，我還是錯估自己的能力。一個下午七間教室的跑，樓上樓下，這一棟那一棟，我的腿幾乎要跑斷了。好心的同事提醒我：「幹嘛不用錄音機？」這個好主意從天而降，我好像被一棒打醒，立刻著手進行。

跟學生家長、同事……借足七臺錄音機，我發現我也開竅了：「對呀！我不也可以把自己的教學錄下來，當作後續研究資料嗎？」

現在想來，我真的很感謝這些家長、同事，是他們啟發了我之後在南大附小（原南師附小）總是錄下教學實況的習慣，這些影音或音檔，讓我能夠把教學經驗與心得寫成一篇篇的文章，分享給教學路上的夥伴。

錄下來的小組討論實況，我遵照吳老師的指示，利用上課時間播放，並且帶領學生一一聆聽與分析，大家安靜下來專注的聽自己的發言，我發現所有孩子都震撼了！我總是欣喜萬分的欣賞這一幕，他們互相取笑，也為自己成熟的見解與用語感到驕傲，更多的時候是發現自己進步了，不像平常那樣亂說一通。

我想起師專游泳隊時期，每每教練苦口婆心指正我們的姿勢錯誤，我們總不以為然，心裡咒罵他吹毛求疵。直到教練播放錄影帶，看著自己在水中抬得不夠高的手臂，只能乖乖閉上嘴巴，再次下水自然會記得把姿勢做到位。

將教學現場的真實，展現在臺前

教書第四年，吳老師把我帶到「板橋研習會」發表教學研究論文。

那一年的學術研討會，我是臺灣小學老師的代表，還有美國一所師院的院長，報告美國進行的數學課小組討論現況。底下坐了全臺灣所有師資院校的教授們，包括：九所師院、臺師大、高師大、政大、彰師大……，甚至還有臺大黃敏晃、朱建正教授，民國八十年代數學教學改革如火如荼，他們非常期待小學老師能有討論教學的能力。

那是我第一次見識到如此盛大的場面，也是我第一次公開發表所謂的「論文」。然而，評我的論文的教授個個瞠目傻眼。這是什麼論文呢？格式不對，也沒有精準的數據，更缺乏多方論證……，我猜，他們心裡一定想著簡直輕慢了「論文」兩個字。

我沒念研究所，更沒有時間去做研究和廣發問卷，只能悶著頭栽進自己的教學現場。我明白我的文章沒有論文的氣勢與格式，吳老師也當然清楚，但，我們師徒兩人就是把最真實的現況反映出來。

當然，這不是正式的論文發表場合，大家想看的也許就是一個小學老師在教室的最真實樣貌。

當我一坐到臺上，我聽見如雷的掌聲、看見鼓勵的眼神。

我沒有準備過多華美的臺詞，只想把這幾年在教室的故事說出來，沒想到提及過去種種，我竟然好幾次哽咽，最後還泣不成聲。我覺得自己真的好累、好苦、好難，這幾年彷彿在地獄裡打滾，不是上刀山就是下油鍋，進學校的每一天都在找哪一處可以避難，能不能有一天是完好不受傷呢？

結束後，覺得自己無比難堪，明明是大好機會參加一場學術研討會，我卻這麼不爭氣，又是流淚、又是語無倫次的表述。然而，奇妙的是黃敏晃教授第一個衝過來，握著我的手說：「溫老師，你就是我們要找的老師啊！好真實好清楚的歷程，太值得分享了！有榮幸邀請你跟新數學實驗的老師們演講嗎？」

吳老師一旁靜靜的看著許多教授來邀請我演講，就像一個爸爸般把光彩留給自己引以為傲的女兒，沒有過來高談闊論他如何指導我，怎麼日夜苦思幫助我突破困境，只是微笑的看著我回答著眾人的提問。這是何等雍容大度，何其智慧慈愛的老師啊！

至此，我終於打開了一扇窗，即使只是一扇小窗，卻也讓一道光照了進來。當時的我並不知道，兩年後，這一場論文發表讓我不必考試競爭就順利轉任南師附小。

8 為學生的家庭風暴吶喊

「老師好，我是您以前在彰化南興國小任教時的學生，我是陳曉雯（化名），看到老師的臉書，好多回憶跟感動都湧上來了……

「老師，您可能忘了我，但是我永遠忘不了你讓我這個單親小孩去你辦公室吃早餐的恩情……

「老師，謝謝您帶我們看那麼多書，這件事影響了我很多，一直到現在都是，才讓我一直忘不了老師。」

臉書跳出一長串訊息，我腦海中浮現當年小女孩純稚的臉，回憶又把我拉回那個荒謬的年代。

面對學生的家庭課題

一九八八年，臺灣開放證券經紀商執照申請，引爆臺股飆漲。全民買股票的年代，誰還會想努力工作？連學校裡都有老師戴著耳機聽股票資訊，就怕漏接小道消息。而「大家樂」簽賭則早在一九八五年夏天即開始風行，同事班上的一位家長，本來做家庭代工，每個月有四、五萬元收入，但後來經濟不景氣，收入慘跌到一、兩萬元，為了生存，乾脆當起大家樂組頭，每個月大賺十幾萬元。

也就在這一年，我成為正式老師進入小學校園，親眼目睹了「賭」帶來的社會動盪與家庭悲劇。

曉雯家裡原本尚屬和樂，爸媽從事家庭代工，我擔任她的導師一年之後，發現她時常悶悶不樂，偶爾還會看見雙腿有鞭打的痕跡，她的小日記透露出蛛絲馬跡：

「我好想離開這個家，天天吵，還會打起來，我也不知道該站到哪一邊？」

「我很懷念爸爸賭贏大家樂的時候，全家都好興奮，這時候我就可以大吃大喝，還有禮物……。可是，現在我們家已經快沒有錢，媽媽說都是因為爸爸愛賭，害我們欠別人很多錢……。」

「媽媽一直唸爸爸不好好工作，整天只知道要去賭大家樂，媽媽說她很想離家出走，爸爸就打她……。」

也不曉得哪來的勇氣，二十出頭的我，傍晚騎了車就殺到孩子家裡，向天借膽對著這對夫妻大吼：「你們為什麼不乾脆離婚啊？每天這樣吵、這樣鬧，孩子很可憐，你們知道嗎？」吼完之後，夫妻倆同時看著我，我只好繼續「再」戰！

「最近曉雯在教室有時莫名的就會哭了起來，我知道她在擔心家裡，她跟我說，每次你們吵架的時候，她都不知道該怎麼辦？我知道我比你們年輕，懂得不比你們多，但是，你們有想過以後要這樣當夫妻一輩子嗎？」我義憤填膺、理直氣壯。

「老師，很抱歉，我們的家務事還讓你操煩，我們會好好處理……」年輕漂亮的媽媽客氣的跟我道歉。

「我不應該打小孩出氣的……，我自己沒出息，小孩是無辜的。」沉默的爸爸滿臉羞愧，低下了頭。

我和這對爸媽有一搭沒一搭的聊著孩子在學校的狀況，我心裡也亂了，如果他們真的離婚會更好嗎？我不是當事人，真能給出什麼好意見嗎？然而讓我很感動的是，班上的家長對老師總是禮貌又尊敬，即使我這麼年輕，他們依然把我的話當回事。

論年紀他們比我年長，論人生歷練他們也比我豐富，論怎麼當父母，他們已經很有經驗，而我，憑什麼給他們出主意？我的暴衝之舉，其實就是捨不得孩子陷入家庭風暴、終日恐懼，擔心之餘卻無能為力。

我帶這個班，一教四年，某天早晨，曉雯神色黯然的來到我面前：「老師，我爸爸媽媽離婚了。」

我乍聽五味雜陳，不知道該說什麼，只得緊緊摟住孩子，輕輕問她：「你今天早餐吃了嗎？」

「我沒吃，沒有錢可以買，媽媽心情很不好……」她掉下眼淚抽抽搭搭的說著。

還好我買了早餐，原本要直接讓她先坐下來吃，後來顧慮她的感受，趕緊帶她到辦公室，讓她心情稍稍平復，慢慢吃完早餐。

爾後，我總是特別關照，把這孩子放在心上。

以共讀陪伴學生，從反思體會人生

學生家長如我所建議真的決定離婚，我一點都輕鬆不起來，我明白教學生涯不會只有教學技巧的精進，需要更多人際溝通的淬鍊與提升。就像這個案例，雖然孩子家裡風暴暫時平息，卻得面對社會的異樣眼光，或者來自同儕的壓力，甚至最現實的是單親家庭的經濟重擔，那麼一個老師能做的又是什麼？

這是我教學生涯的第一個學生家庭變故，如何拿捏其中分寸，我又該在其中扮演什麼樣的角色？如何陪伴受傷的學生？內心千頭萬緒卻拿不定主意。

請教恩師吳英長老師，他建議就從全班共讀少年小說開始療癒之路。

同時，吳老師提醒我，身為老師不能被捲入情感風暴，就好像一個心理諮商師不能被個案情緒影響，才能在教學路上走得長遠。

如何保持客觀又清朗的心態呢？在臺東師專求學時期，我十分傾慕吳老師最熱中且擅長的心理輔導課程，他也極力推薦他的博士班指導老師吳靜吉教授的著作，例如《青年的四個大夢》、《人生的自我追尋》，以及經典外文翻譯作品《怎樣批評別人》、《愛・

被愛》等。學生時代熱愛閱讀，當然也沒錯過這些心理學叢書。

然而，捧著好書咀嚼，最可怕的莫過於自以為是。肚子裡不過沾了幾滴墨水，就敢口出狂言教人大道理，直到多年後自己也步入家庭，亦曾身陷大大小小風暴，方能明白要經營一段婚姻和一個家，是多麼不容易。

猶記得某一天晚上，積累了許久的夫妻摩擦，終至爆發到不可收拾，一氣之下，一手牽著老大，一手抱著出生未久的老二，憤恨的離家出走投宿附近旅館。是的，我以為的連續劇情節竟然發生在自己身上了。那天晚上自然是徹夜未眠，暗暗垂淚之際，我竟然想起這對學生家長，那間凌亂不堪的屋子，還有一旁瑟縮無助的孩子，瞪著雙眼無辜的目睹大人的乖張行徑，如果時空可以凝結或倒退，我真的好想知道，離婚是他們想要的結局嗎？

這是我的婚姻中最早出現的一次危機，當自己真正走在親密關係那條高空繩索上，才意識到，要能熟練且自在的調整手上的平衡桿，需要經過多少回的練習，更何況繩索的另一端是你最在意的另一半；他也願意與你一起隨時「校準」，讓彼此在高空繩索享受共舞的幸福嗎？

靜謐時刻，心思格外澄靜，我漸漸明白自己總想成為一個自大的控制者，在教室當老師是這樣，進入婚姻中亦不遑多讓，我忘了傾聽最愛之人的心聲，更忘了唯有理解與接納對方，才有可能和他擁有一段值得珍惜的親密關係。

想通了，東方也已魚肚白，又是新生的一天，我雙手合十輕輕謝過那個家庭，也謝謝自己雖然年少輕狂，卻獻出了做為老師的真愛。床上兩個小寶貝稚嫩天真的喊餓，揮別昨晚重重的心理陰霾，我輕輕的吻了孩子們，整理好衣裝再次走回熟悉的家。

9 少年小說，不說話的心理師

「老師，我的《黑鳥湖》、《山米與白鶴》作業可以還我嗎？」二十年後，一位學生想拿回被我收藏的作業，這是我第一個任教的班級。

「老師，我很喜歡《黑鳥湖》這本小說，還買得到嗎？」說這話的是我最早期的學生，他現在也已是老師，在臺南德光中學教書。

師專時期少年小說的浸潤

與初任教的班級經過兩年的磨合，決定還要繼續帶這個班上五年級，我不僅提供剪報為學生補充好故事，也開始購置國語日報「兒童文學傑作選」系列，如《柳林中的風聲》、《小鬥牛士》、《黑鳥湖》、《愛貓的孩子》、《天鵝的喇叭》、《畫室小童》、《洛弟的山》等，提供學生閱讀。回首來看，這些少年小說不僅成了我和學生之間的一座「心橋」，也供給了師生兩方的文學能量。

怎麼會想到把文學作品做為班級經營的主幹？這得追溯到師專時代的學習經驗。師專四、五年級，我的國文老師兼導師洪文珍教授，受到他的哥哥洪文瓊老師以及吳英長老師的影響，種下了我們班與「少年小說」的不解之緣。多麼幸運的境遇！

當年我置身於全校唯一的體育科男女合班，這個愛鬧事的班讓教官、老師頭痛不已，那幾年，洪老師正好跟著吳老師與一群東師熱血老師們，深入探討少年小說在教學上的應用，對體育班學生的豪情與創意情有獨鍾的洪老師，乾脆在國文課本之外，帶著我們進入少年小說的世界。

我原本就對小說著迷，這群老師還能把這些故事幻化成「心理學」，這簡直比閱讀實用心理學叢書還精采迷人，因此，我這隻書蟲一頭栽入，順理成章被指定為組長。

另外，當年也感受到整個教育體制對體育科學生的不友善，特別是教官駐校的年代，相較於普通科，體育科學生總被師長們視為眼中釘，成天蹺課、捉弄老師取樂，甚至寢室聚賭，這些人未來竟還想為人師表，也難怪師長們打從心底不以為然。

我雖然不是做壞事的其中一員，但平常都和同學生活在一起，堅定的情誼早已不分你我，也為這樣的待遇感到不平。忿忿不平之際，我看見有一群老師雖然一樣擔心我們體育科行徑，卻用另一種積極的方式關懷送暖，促使我把感動與驚喜，化作擁護文學閱讀的行動。

「少年小說」組長的任務不僅要熟讀，更重要的是召集大家在課外時間進行討論。這個過程可想而知相當崎嶇難行，那群男生才懶得跟你聚會讀小說，要跟一群平日打打鬧鬧、言不及義的同學，剖析自我、交心深談，初期免不了處處碰壁，還得為了維持和諧，壓抑怒氣繼續課程討論。

體育班學生有很大部分來自體育資優保送，這些從小就被教練帶著四處征戰的選手，在課業學習上與同儕難免有落差，更慘的是他們心靈的震盪，非常人可體會與同理。小小年紀在運動場上是眾人矚目的天才，一旦落入凡間，也就是回到教室，斷裂的學習狀態充滿挫敗。師長的冷語、考試的壓力，別人憐憫鄙夷的眼光，就像洗三溫暖，若沒有適當的輔導，不小心就被邊緣化了。

然而，洪老師的課堂要求小組上臺做報告，很佩服老師的引導方式與感染力，我常常懷疑那些男生的爆發力來自何方，平日看起來無所事事，有時在課堂被觸動內心渴望，當他願意坦誠告白，那堂課的威力就是核爆級。

兩年的少年小說浸潤與洗禮，成了我走出東師大門時能夠昂首闊步的憑藉，也讓自己終於脫離體育術科的自卑與不安，畢竟，我真的不愛體育，我只是為了當國小老師才勉強念體育科，套句股票市場的行話：「我是借殼上市。」

師生共讀，藉由文學用心對話

三十幾年前的小學校園，圖書室裡淨是「臺灣省教育廳」發行的讀物，當我大手筆購進成套的兒童文學書籍，特別是少年小說系列，果然引起學生不小騷動。我驚覺機不可失，加上師生已經相處兩年，之前我為他們打下的讀報基礎早有成效，便立即採取更積極的教學手法：

暗叫好。

一、**每週兩節課的「為愛朗讀」**

這件事雖然年代久遠，但仍常常縈繞在我的心中，也為當時自己有所堅持與執著暗叫好。

為什麼要為高年級學生朗讀小說？他們不是早已具備了獨立閱讀能力？

當時的想法很簡單，因為太愛了！我太喜歡這些作品，急著推銷給學生們，尤其想對學習弱勢的學生有所作為，若非親自上陣強化內容的精采，或者，故意在緊張懸疑之處剎車，讓學生們像魚兒一樣上鉤，他們不可能主動閱讀。

這招不僅能引發學生好奇，更棒的是也能從中提問，藉機剖析作家的寫作手法，植入高層次的閱讀策略。

二、**打造班級圖書館與組織讀書會**

我把所有圖書分類編號，簡單打造了一座班級圖書館。同時發起班級讀書會，每人手上都拿到一本書，每本書都有閱讀期限，時間到就要輪替，並且讓小組成員互相分享自己的閱讀心得。

這樣的讀書氛圍，幾乎是我師專時代的翻版，用團體的力量制約，不管學生是迫於壓力的閱讀，還是因為閱讀分享提升了品味和表達能力，總之，升上五年級的學生們，氣質好多了！

有時我忙著處理雜務，無法鐘響時刻就立即站上講臺，有一大半的學生會主動拿出小說閱讀，幾次，捨不得破壞他們的讀興，我真的就把那堂課當作自由閱讀時間呢！

三、少年小說賞析與寫作

「最好的作文老師永遠是優質的文學作品。」這是我最常掛在嘴上對學生耳提面命的一句名言。為了驗證這句話，我用盡了各種閱讀策略，引領學生去挖掘作家使用的寫作手法，也因為這樣的教學歷程，把文學閱讀變得多元豐富，而且充滿挑戰與樂趣。

例如，「選出兩本最近閱讀的小說，找一找主角最害怕或最不安的三個時刻。請用表格列出並比較兩位作家各用什麼語句來描寫？評比一下，你更喜歡哪位的技巧呢？請羅列理由並說明。」

例如，「小說中用了哪些方式刻劃主角以及關鍵人物？請區分生理、心理、社會三大項，並且列舉作者使用的語句做為證據說明。」

這種教學方式，讓我每天到校上課有了極大的盼頭，我非常期待看到學生查找資料並且經過咀嚼消化後的文學成果，也漸漸明白，我鐵定回不去了，回不去當個傳統老師，因為體制內的課本已經滿足不了我的企盼與深深的渴望。

慢慢的，我的企圖心增強，並且啟動了一項巨大的教學計畫，那就是訓練學生進行「少年小說賞析與寫作」。可想而知，我會面臨多大的學生反彈，因為人人都想讀故事，但，讀完還要寫東西，而且不是瞎掰亂寫，可就一點都不好玩了！

但，我已經下定決心，每天滲透一點文學手法，每日威逼利誘學生反饋，成了最後兩年的教學主旋律。尤其在寒暑假，我的小說閱讀與評析的作業，取代坊間賣的練習卷，學生返校交出的作品都像是研究生的小論文。

苦嗎？他們會抱怨嗎？

當然，誰不想輕鬆過日子？

然而，當學生們自己也看見手上沉甸甸的果實，終究明白老師的一片苦心。

永遠記得夏日炎炎微風徐徐，我在教室為學生朗讀小說的情景，沒想到窮盡洪荒之力都未能打開學生的心門，一本本少年小說卻輕易讓我們有了共同語言，開啟了師生之間彌足珍貴的對話，更重要的是，我們都在作品中療癒了受傷的自己。

10 老師，你這學期還沒哭喔！

第一次在學生面前掉淚，真的是「悲從中來」。

那一天，眼前堆著學生胡亂應付或乾脆缺交的作業，我已經火冒三丈，就這麼湊巧，一打上課鐘，我都還來不及上課，學校主任就氣急敗壞直接殺到我們班，罔顧我的顏面，當場控訴我班學生破壞公物的十大罪狀，還要我好好管教這群頑劣的學生。

放下棍子，讓情緒流露

不想什麼事都用棍子解決，我刻意壓抑一觸即發的內在火山，企圖從中找到一絲切入點，一個關於愛與教育的理由。

緩緩走上臺冷眼掃視全班，明明做錯了事，他們眼中似乎沒有悔意，只有師生之間隔著彷彿海洋般巨大的鴻溝，永遠無法企及的絕望。那是一種我怎麼努力都觸及不到他們內心的荒涼感，這跟自己步出師專校門時，信誓旦旦想要成為最受歡迎老師的宏願，落差真的太大，已經不是用心就能彌補。

過去要是學生犯錯，總是用棍子解決問題的老師，這回一反常態，不僅極度悲傷，還讓人看見她無助、絕望，混合著憤怒的樣貌，那是已經用盡所有的心力、方法與資源，卻無法解決眼前難題的警訊。當超載的情緒已壓垮了想打人的動機，我以為自己在學生面前，應該是個如巨人般的老師，沒想到自信一旦崩潰瓦解，我不過就是個受傷的孩子，於是，就這麼直接站在講臺上，讓眼淚不爭氣的一行一行恣意流下。

長久以來，根深柢固的觀念一直教導我們：哭泣是軟弱、脆弱的表現，眼淚充滿負面意涵，特別是一個老師，竟然毫不掩飾的在學生面前示弱流淚，這樣會不會被學生瞧不起呢？

我永遠記得，當時連我自己都好驚嚇，我怎麼就在學生面前哭起來了呢？然而，當我感到困窘不安，眼睛幾乎不敢注視學生之時，我聽到了臺下傳來的微弱聲音：「老師，你不要哭，我們會改，我們知道錯了……。」

過去屢次拿著棍子威逼犯錯學生，就是要他們打從心底能夠向我認罪，我也有個收手讓彼此下臺階的理由，很不幸的，每每這樣的時刻，向我迎來的幾乎都是憤恨怒視的眼神。可是，今天冷不防冒出的無助又懦弱的淚水，卻換得學生真心的撫慰與接納。

現在回過頭看，我發現也許哭泣傳遞了某種信號，讓學生知道，老師真的十分傷心、需要幫助，學生一旦扮演強者，突然間就長大懂事了。雖然，我成了鬥敗的公雞，卻有機會打動他們，告訴他們：「老師真的在乎你們啊！如果不在乎，我怎會為你們流下珍貴的淚水呢？」

爾後的教室棘手事件，內心依然常常湧現負面情緒，只是經過情緒潰堤事件，我試著學習接納它們，讓自己充分停留在那樣的情緒當中，眼眶泛紅就讓它泛紅，不必刻意閃躲或偽裝，更重要的是，我已經能正色向孩子坦承我的怯懦與不安、悲傷與委屈，甚至，藉由朗讀少年小說的機會，我刻意指出、強調人類情緒反應的重要性，也讓學生進入人物內心去感受，然後告訴自己：「人的情感應當被放大關照，就像我們剖析書中主角的心理歷程一樣，大方表白自己的內在感受一點都不奇怪。」

就是那樣的契機，我從那些折磨自己的情緒中漸漸脫離，不僅與學生之間的關係變得相對自在許多，跟周遭同事的相處也自信不少。

心情小語，師生之間的心橋

我把這個「奇蹟」告訴吳英長老師，他提醒我機不可失，這是最佳的師生教學相長案例，更何況還是難能可貴的心理課題。吳老師給了我不少具體建議，其中利用「心情小語」寫作，面對現實與釐清情緒，成功幫助我跟學生之間搭上一座「心」橋。

我的做法是：

一、請學生裝飾作業本封面，設計自己專屬的一本「心情日記」，告知他們，這是未來最親密的好朋友喔！

二、一開始，先引導學生，回顧一整天發生的事情並列成清單。

三、在每件事情旁注記「情緒」（可讓他們參考「溫老師五卡板」，也可以把「溫老師五卡板」縮印成B5尺寸，讓學生貼在作業本封底裡，方便隨時查找情緒語詞）。

四、從一整天這麼多事件中，圈選出自己感受最強烈的三件事。

五、正式進入寫作：

（1）事件簡述：運用記敘文基本要素「人、事、時、地、物」來下筆。

（2）試著寫下每件事的「情緒」與當時自己表現出的「性格」（可參考「溫老師五卡板」）。

（3）最後，想想自己在事件背後，內心真正的「渴望」到底是什麼？（參考薩提爾冰山理論，例如：愛人、被愛、被尊重、被接納、擁有自由、活得有意義等。）

剛開始實施時，學生寫得很制式化，連我自己也常常覺得卡卡的，尤其那個時候還沒有研發出「溫老師五卡板」，光是苦思怎麼表述內心感受，就花了大半時間，還是生不出像樣的內容。後來我學聰明，請全班學生把課本的情緒、性格語詞統統彙整起來，接著再發動更大工程，就是往課外讀物搜尋，特別是少年小說簡直成了深度語詞寶庫，這麼一來，不但讓學生再度親炙小說，還能直接從中「拾人牙慧」，而且直接運用，優化自己的寫作內容。

「心情小語」這個創意又有溫度的日記寫作，不僅在當時解決了我和學生的溝通困擾，更迅速拉近師生距離。教書的第二十年，我以此為題材出版了第一本教學書《溫美玉老師的祕密武器：班級經營與寫作》，以及後來的《教室裡的阿德勒》。

我想把學生帶往何處？

奇異公司（General Electric Company）前董事長暨執行長傑克・威爾許（Jack Welch）曾說，領導人應具備四個關鍵素質：活力、激力、銳力和戰力。

雖然我只是一個老師，但不該妄自菲薄，也應積極充實這四種能量，就能效法長青企業的精神「造鐘，而非報時」。以傑克・威爾許所闡述的四項領導力，總結我走過彰化南興國小四年初任時光，很是適切具體。

當一個老師具備「活力」，那意味著不屈服於逆境，不懼怕變化，不斷學習，積極挑戰新事物的活力。初任教師什麼都不懂，必然充滿挫折，但活力可以讓氣息延展，讓自己親眼見證開花結果。

「激力」是老師最重要的核心教學策略，唯有激發學生創意，才能讓學生獨樹一格、建立特色。那四年間我著墨最深的就是培養學生的溝通與表達能力，用言語、用文字，用盡所有可調動的資源，就是要讓每個孩子與眾不同。

「銳力」是指挑戰困境的勇氣。很幸運的是我一路有恩師吳英長老師做後盾，最絕望的時候，抬起頭總還有一盞燈亮著，讓我在「實務諮詢」與「心理諮商」上都得到溫暖與勇氣，可以繼續向前走，這就是企業家最需要的「銳力」。因為吳老師的啟發，很自然的，我也成了學生的後盾，不管是課業學習還是生活輔導，希望可以成為他們心中的那一盞燈。

最後，「戰力」可以解釋為成果展現。吳老師常提醒我們：「你想把這群學生帶往何處？」一開始我無法說明白，但到了學生畢業前夕，整理所有檔案，我終於可以很負責任的回答：「我想讓他們成為獨立學習者。」

原來，這就是企業所謂的「願景」，簡單的說，就是「學生的未來會是什麼樣子？」身為老師，就是務實的將構想落地實踐，並把行動後的成果紀錄公開發表。這是我最積極實踐，也常與學生一起分享的時刻，因為，沒有他們努力的付出，不可能累積如此豐碩的成果。

「老師，你這學期還沒哭喔！」一位平日調皮搗蛋的小男生提醒我。

這是畢業典禮的那一天，一早進教室，他就戲謔式的在全班面前大聲說，學生也開始起鬨，並且細數我從他們小三一路哭到六上，還有人學著我哭的樣子。我一點也沒生氣，還感激這些調皮鬼重現過往時光。

畢業典禮終於結束，來到班級導師跟學生的最後相聚時光，我讓學生們都先坐在自己的位置上，然後自己再慢慢走上講臺。然而，我卻發現怎麼走了四年的幾步路，此刻腳步猶如千斤重，是不捨結束還是不堪回首，終於站上熟悉的講臺，還未開口，眼淚已如雨下不止。

我以為我可以不再流淚，即將結束自己四年初任教師的最後一天，即將目送學生遠颺高飛的日子，我依然不爭氣的在他們面前掉淚，不過，這是感動莫名、驕傲自豪、歡喜收割的喜極而泣。教室外的家長們，準備了送給學生和我的禮物與花束，祝福畢業的孩子們，以及即將轉調到南師附小的我，即使現今想來，仍然深深記得那一刻的美好與感動。

四年前的菜鳥亂飛，跌落深淵的人生彷彿無望，然而，因為周遭貴人相助，也因為自己的不放棄，一路挑戰創新，直至學生、家長、同事，還有更多的同行前輩願意肯定我的專業。活力、激力、銳力和戰力，逆轉了我的人生。

第二章

風雨中茁壯——附小滋養著教學夢

如果我是一條魚，而且已經不再是池塘的小魚，
南師附小就是眼前的海洋。
我明白汪洋時而會無端掀起滔天巨浪，
很多老師根本不認為到附小教書是個好差事，
止步者最常謠傳的就是：
「這裡教學很嚴謹，家長也自恃甚高不好惹喔！」
不過，我愛的是海的無邊無際，以及看不完的風景，
至於挫折，來吧！我已經準備好迎接你了！

1 調任附小，我找到了優游的海洋

人的一生中，有些機緣難能可貴。到南師附小服務，絕對是我這輩子最幸運又幸福的一件大事。

國立臺南師範學院附設實驗國民小學，簡稱南師附小；它在二〇〇四年改制，稱為國立臺南大學附設實驗國民小學，簡稱南大附小。

我常驕傲的逢人便推銷我所任教的學校。

這是一所優質又精湛的實驗小學，而我竟能不需與他人競爭考試，就幸運成為其中一員，讓我的教學生涯寫下一頁傳奇。

尋找轉任臺南的契機

當時未婚夫住在臺南，若要申請調動，結婚的積分最高，不過，婚假十四天要在期限內請完。初任第四年，儘管教學已經有了成績，但六年級的學生依然狀況連連。這些孩子假日不是在家幫忙打工，或是到處閒晃，就是群聚八卦山上械鬥打架。每到週一要出門前，我都提心吊膽，深怕主任又來找我告狀。

如果我請長假，代課老師能罩得住他們嗎？這樣的班級真的讓我不敢在學期中結婚。現在聽起來覺得荒謬至極，也不敢相信真的有這種老師，可是，我當時真的怕死了，就怕請假回來，學生突然不見或斷手斷腳，為了這樣的理由不敢結婚，也真是夠了！唉，人在年輕的時候特別狂妄，喜歡放大自己，還真以為學生沒有我不行，彷彿地球會因而停止轉動。

但左思右想，婚一定要結，結婚之後要和先生住在一處，一定得申請調動，當時我有兩條路可以走。

第一，我的戶籍在當時的高雄縣，回鄉服務有加分，但分數不高，幾個靠近臺南市區的鄉鎮，例如：茄萣、湖內、路竹……開缺希望渺茫，比較有機會的就是寶來、三民、桃源這些偏遠山地鄉鎮，當時，我已經做好結婚後恐怕要分居兩地的準備了。

第二條路是，當年度南師附小有好幾位老師屆齡退休，一向不太有異動的附小，竟然開出了五個老師的缺額。更讓我興奮的是，當時的王萬清校長不想循舊制（考試）招聘，他認為考試根本考不出真正適任的老師，一位好老師在外已經有風評，自有公斷，於是他想要自己聘任，也就是說由校長親自面談。

當時全國所有師資都來自師範院校，師範生一畢業就有教師資格，都是公費分發，所以像我們這樣想調校的老師，國立的附小校長可以直接聘任。然而，南師附小創校這麼久，很少由校長自己聘任老師，都是由學校公開對外考試招聘，因此，這樣的方式肯定要非常慎重。

憑什麼王校長該聘我呢？

這是我當時面臨的問題。

詢問了招聘辦法之後，我寄了履歷和在板橋研習會發表的論文到南師附小人事室。

用心撰寫的論文，推了自己一把

除了制式的履歷，怎麼讓校長願意給我機會面試？我不是名師，也沒有傲人的比賽獎盃，身邊只有四年來陸續投稿的教學文章，以及相關的演講資料，最重量級的就是板橋研習會那本論文。

王校長看了我的資料，真的跟我約了時間，就是這場關鍵性面談，決定了我日後能否與附小一起創造歷史。

沒想到當天王校長一坐下來就說：

「看到你寄來的論文資料，我就想到我認識你，你一定覺得很訝異吧？」他劈頭就這麼說，我的確不解，只能搖著頭期待校長再說分明。

「前年我參加板橋研習會國際學術研討會，你發表了一篇透過小組討論進行教學的論文，我對你印象很深刻！」

我睜著眼睛不敢相信耳朵所聽到的，天下真有這麼巧的事？那是我生平第一次，面對這麼多來自各所師範院校以及臺大、政大幾位研究小學課程的教授們做報告，也許初生之犢不畏虎，也許真覺得自己很踏實的在教學上下了苦功，當然，更仗勢著天塌下來恩師吳英長一定會幫我頂著，於是，那一篇不算論文的論文，講到班級教學的無奈與辛酸處還感性掉下眼淚的發表過程，真不知道，王校長指的印象深刻，是我的眼淚還是我的報告內容？

看到我張大眼睛一臉驚奇，校長笑了笑繼續說著：「我當時在臺下想著，如果我有機會擔任南師附小的校長，就要聘臺上這個老師來學校任教。」

一聽到這句話，更讓我覺得不可思議，因為他真的在一年後就當上附小校長，而當時臺下將近兩百位教授與老師，誰能料到他也是其中一員？

「在你來之前，其實我已經打電話到臺東師院，找了你當年的導師洪文珍，詢問他對你的看法。」

啥？問洪老師？那是教了我五年國語文的老師，他還當了我三年的導師。我心裡偷笑著，也很有把握老師一定幫我說好話。因為，我上他的課可是很認真的呀！

「你們洪老師跟我說，如果能聘溫老師到南師附小，那是附小的福氣！」

哈哈！洪老師愛徒心切，把我說得那麼神，讓我還覺得有點不好意思呢！除了感謝洪老師之外，也很驚訝王校長的膽大與心細。

「不瞞你說，其實我這次聘任老師壓力很大，所以必須層層把關，務必調查清楚，尤其我之前並不認識你，只好多方打聽。」

我心想，天哪！先生決定娶我之前也還沒這麼巨細靡遺的展開搜查呢！

於是，我完全沒參加任何考試或甄試，就這樣順利的進入了附小，聽完羨煞一群在門外想進來任教的老師。

當年我們五位新任老師當中，除了我以外，雅文、淑女、裕輝、志憲四位都是王校長曾經教過的學生，若非先有那一場論文研討會的緣分，我的人生或許跟南師附小就不會有交集了吧！

當然，這都要感謝一路提攜我的恩師吳英長、洪文珍老師，以及在彰化南興國小任教時，總是讓我放手大膽進行實驗的連錦權校長，和那一群容忍我這隻菜鳥老師亂飛的好同事們，還有願意大膽聘我的王校長，如果我的教學有任何成就，他們就是背後那一雙雙溫暖有力的手。

勇敢與自信，讓我找到自己的海洋

還記得當年獲聘之後，與王校長有段經典對話。

王校長：「溫老師，很抱歉，本來說好要讓你帶班當級任，可是今年剛好缺體育老師，幾位老師中只有你有體育科系背景，是不是就麻煩你來擔任體育老師？」

溫老師：「好的，沒問題！如果學校需要幫忙，我來擔任體育老師當然沒問題，不過，我想可能會『大才小用』喔！」

哈哈哈！好一個「大才小用」！我不想當體育老師，因為沒興趣，更因為我的專長在學科教學，教體育只會讓我覺得心虛又不實在。但，能夠這麼坦率又不失禮的表達，連我自己也嚇一大跳，我該為自己感到驕傲的，我終於不再卑微的討好別人，適度表達自己的專長和意願，又能顧及校長的感受，委婉讓校長重新考量。

校長考慮之後，讓我擔任一年級的級任。相較於初任教師一律由校方安排，南師附小的事先徵詢讓我倍感尊榮，而且是我最想體驗的低年級導師。教書六年就把六個年級教一遍，多麼幸運的機緣！

之後，我的生命歷程都與附小息息相關，我在這裡結婚完成人生大事，在這裡孕育了三個美麗的寶貝，三個女兒也在這裡完成小學學業，這段美好的日子裡，每一天，母女一起上學放學，我喜歡牽著她們稚嫩的小手，她們緊緊握著我的大手，直到大手不得不鬆開，讓她們獨自慢慢走向人生另一階段。

南師附小優質的教學環境很快讓我傾心投入，家長們對老師的期待，則讓我更勇於放手創新。

如果我是一條魚，而且已經不再是池塘的小魚，南師附小就是眼前的海洋。我明白汪洋時而會無端掀起滔天巨浪，很多老師根本不認為到附小教書是個好差事，止步者最常謠傳的就是：「這裡教學很嚴謹，家長也自恃甚高不好惹喔！」不過，我愛的是海的無邊無際，以及看不完的風景，至於挫折，來吧！我已經準備好迎接你了！

2 帶著小一生，一起愛上繪本

「聽說你想調回臺南，南大附小今年有招聘，可以來考喔！」我經常對想調回臺南的老師朋友這麼說。

「謝謝溫老師，我還是先等等看臺南其他學校有沒有互調。我直說好了，聽說貴校家長都很可怕，除了一般家長對老師很挑剔，還有很多家長是南大教師，他們自視為教育專家，意見特別多。」

「聽說試教的時候，那些學生會把老師考倒⋯⋯」

「聽說附小的教學很嚴謹，也常常有新教材實驗，還有許多義務的『教學觀摩』，我的能力可能還不夠⋯⋯」

附小的自由校風，放飛我的多元教學

附小不好考、不好教，在業界人盡皆知，即使現在南大附小教師招聘辦法已修訂，教師來自縣市互調亦可，還是很多人卻步，更不用說過去南大附小是獨立招聘，不僅要通過筆試，還要直接試教「真人」學生，最後還得面對「口試」這一關。

其中，最讓報考老師們七上八下的就是「試教」，這一關也特別有意思，每次主動來當被試教學生的寶貝蛋們，可不是省油的燈，個個都是身經百戰的戰士，試教的師生對答間，我在臺下當評審，常常都為臺上老師捏好幾把冷汗，也難怪應考老師對南大附小望而生畏。

然而，我卻愛死這樣的氛圍。這麼自由的校園風氣，這麼多對教育懷抱理想的家長，這些都是看不見的智慧資源。

順利進入百年優質小學教書，現實方面讓我婚後順利定居臺南。此外，當時南大附小的員額編制獨冠全臺，因為這是一所國立學校，經費直接來自中央教育部，因此，擔任一年級導師，我可以不必兼任行政事務，只需全心專注在班級教學與學生照顧。對我而言，這樣的教學環境簡直就是天堂，我終於可以盡情展現創意，挑戰創新與多元教育的可能性。

很感恩當時的王萬清校長讓我擔任一年級導師，雖然是第一次面對低年級，但是我已非昨日的吳下阿蒙。事實上，任教低年級使我欣喜若狂，因為在彰化時期，我早已摩拳擦掌，目光總是投向可愛的低年級，還時常利用僅有的下午空堂，把同事小孩找來聽我講演故事。

確定擔任一年級導師，我做的第一件事就是買繪本（例如「信誼世界精選圖畫書」——就是首要目標），而且是大買特買，買到薪水透支，所以只要可以分期付款的，像是漢聲、光復這類大型出版公司成套直銷的，我二話不說就簽下訂單。

出版社引進的國外繪本就像一個大磁鐵，把我整個人給吸住，加上已經結婚，準備生養小孩，繪本的教學與研究，成了一座遠方的聖母峰，我的目標極為明確，就是一步一步準備好，正式啟程登頂。

雖然熱愛閱讀小說，但我最愛的還是繪本。獨樂樂不如眾樂樂，我是老師，閱讀繪本不僅是個人興趣，還成了我和這群寶貝們的橋梁。

「新生日」迫不及待說故事

「新生日」當天，我已經忍不住和第一天上學的孩子們分享《上學途中》，即使沒有新穎的投影設備，但光是繪本精采的故事便讓孩子們張大眼睛。從媽媽不再陪伴上學的第一天開始，小女孩一走出家門，就乘著想像力的翅膀，她看見了別人看不到的景象與動物，猶如電影情節，讓每天上學成了期待的大事。

這樣的新生日讓家長驚訝大呼：「糟了！反而是我有分離焦慮，因為孩子瞬間愛上溫老師了！」

繪本不僅讓學生忘記眼前的困窘，連我也忘了。新生日同時也是親師日，附小的傳統是，家長先把孩子交給班導師，然後到體育館由行政人員說明開學事項，結束後，小一新生由輔導室安排活動，家長就可以安心到教室跟導師互動。

我剛到任，還活在自己的世界，也沒有太多機會先了解學校運作，當天家長比學生還多，這跟我初任的學校，老師都得親自走進學生家才能見到家長，簡直是天壤之別。家長們目光都凝聚在我身上，想看看這位新老師有什麼能耐，我興奮的把自己未來兩年的教學藍圖一一列舉，並且眉飛色舞的談起詩和遠方。

就在我熱血沸騰，臺下家長也深受感動之際，角落有個聲音打斷了我：「溫老師，我看了一下時間，孩子就要回來了，是否趁他們尚未進教室，您先把學校規範，還有您的班級常規和家長該如何配合，跟我們報告呢？」

猶如一記悶棍重擊，空氣頓時凝結，大家都覺得尷尬，我也愣了一下。不過，繪本的後座力實在太強，我馬上謝謝這位家長提醒，然後笑著跟大家認錯：「真是不好意思，溫老師太激動了，只想著把最好的陪伴孩子的方式先搬出來，讓爸爸媽媽放心，其他的框框條條還真是忘了。」

「溫老師，我們就是想聽這些啊！孩子交給你，我們太放心了！沒關係！」這位可愛的爸爸，看來跟我一樣，就是喜歡創意，喜歡讓孩子在閱讀中奔騰。

謝謝家長支持之後，我也請他們放心，說明接下來的注意事項，例如，帶什麼東西到學校、怎麼完成功課、忘了帶用具怎麼辦……，我不會處罰孩子，也不會讓家長焦慮。我跟這些小一生一樣，在這個學校也是新鮮人，我能同理也能接納意外狀況。

會後，我特地去向提醒我公告規範的家長致意，我真的很佩服她，竟然比我這老師還睿智，對學校作息及規範完全掌握。

「宇哲媽媽您好，剛剛真不好意思，我要親自謝謝您提醒我。」我真誠向她致謝。

「溫老師，您不用客氣，有哪裡不懂都可以問我的！」媽媽笑笑的回答。

「都可以問您？」我一臉狐疑。

「是啊！學校作息我都知道，我已經來附小十幾年了！現在教高年級。」她握著我的手說。

哈哈哈，我們兩個笑個不停，她覺得我天真得可愛，而我笑自己沒做好功課，竟然不知道要先去拜碼頭，請教前輩。

繪本聖母峰，我準備好了！

一樣是進入一所新學校，但我驚訝的發現，當我清楚我要做什麼，確立了我的「繪本聖母峰」，我不再像無頭蒼蠅又慌又急，取而代之的是，準備好工具，多方學習，即使出了錯，也還能「笑」著修正，那該具備多大的自信！

拿起一年級數學課本，我立即連結許多圖畫書，例如，安野光雅《進入數學世界的圖畫書》，奇妙的事情發生了，跳脫教學手冊，我跟隨著書中兩個小矮人的腳步，一步步引導學生思考，師生同時都愛上奇妙的數學世界。

「不是一夥的」，我讓學生觀察跨頁圖畫——哪個不是一夥的？其實，這就是分類的開始，但是用「不是一夥的」，是更有溫度且生活化的語言，這不也是我們現在談的「素養」？教科書雖然已經由專家嚴謹審訂，但礙於經費就是無法像圖畫書精緻、多元。還好，我自備強大火力，果然輕鬆攻占學生的學習領地和動力。

安野光雅《旅之繪本》、《天動說》、《跳蚤市場》、《10個人快樂的搬家》、《壺中的故事》、《進入數學世界的圖畫書》等，不僅在空間上充分掌握了視覺技巧，又總是幽默的介紹數學概念，並融合了自然與人文思想，讓他的作品不再局限在藝術、文學層次，更延展到科學辯證的領域，大大增強我的數學教學底氣。

丹尼爾．高曼（Daniel Goleman）在《專注的力量》中，提到內在的專注。你必須聆聽自己的聲音，察覺自身的想法和感受，正確釐清事物的優先順序。此一內部控制機制，是決定我們一生榮枯之關鍵。

他更強調，任何人都能訓練專注力，這無關天賦、權勢。這項具流動性且操之在己的心智力量，一旦掌握，就能真正邁向卓越，預見未來。

謝謝所有我不認識的繪本大師們，感恩我第一屆在附小的寶貝們，還有同事與家長們，就是這樣美好的機緣、這樣蓬勃的生機，我感受到了前所未有的「專注」正能量，這樣的能量，讓我一路工作到退休，愈挫愈勇。

3 用幽默創意留住孩子的童年

「老師，你肚子裡的小 baby 要叫什麼名字呢？」小一生仰著頭問我。

「嗯……師丈姓盧，我叫她『蘆筍汁』喔！」我笑嘻嘻的回答。

「哈哈哈！蘆筍汁、蘆筍汁……我要喝，我想喝！」孩子的笑鬧聲開始此起彼落傳遍教室。

「老師、老師，我媽媽肚子裡也有小 baby，那我弟弟要叫什麼呢？」一位姓楊的活潑小男生故意問。

「簡單啦！你們家姓楊，當然就是『楊桃汁』囉！」我假裝一本正經的回答，這個鬼靈精還誇張的跳起來表演喝楊桃汁。

為孩子保留那一份純真

可以說我是因為教了一年級，才發現原來教書真的可以「練肖話」，更過癮的是，我終於明白心理學家威廉·詹姆斯（William James）曾說的，幽默雖然不是什麼特異功能，卻能輕鬆化解尷尬或對立的場面。

「溫老師，我兒子今天就要畢業了，我一定要來跟你說謝謝。」學生媽媽滿臉笑容，握著我的手。

這個「飛毛腿」小子我永遠記得。運動會小一六十公尺賽跑，一開始起跑就從他自己的第六跑道，斜著跑到第一跑道，全場呼喊他跑錯，結果他立馬調整跑回第六跑道。跑成這樣竟然還是第一名，果然是狠角色，不過因為違規，所以成績作廢。當下他嚎啕大哭，我表面上安慰他，心裡卻笑到不行。而這個烏龍事件，日後也成為南大附小運動會的經典教材。

「溫老師，你知道你多厲害嗎？一直到六年級，碰到下雨天，孩子都不會去淋雨，有一天我懶得撐傘，他堅持我不可以淋雨，我覺得很奇怪，他才語重心長跟我說：『媽媽，你知道嗎？這雨不是水，是尿尿小童的尿！』」

「尿尿小童？你幾年級了還相信這個喔？」媽媽不可置信。

「我現在當然知道那叫酸雨，可是你幹嘛這麼沒有想像力，破壞我的童年呢？」兒子正色抱怨媽媽。

這位媽媽特地來謝的，是溫老師當年的幽默感與創意教學，讓她的孩子不管長到多大，心裡依然住著一個天真的小男孩。

學校的規定多如牛毛，然愈是嚴格規定，學生愈想挑釁。一天，訓導處（現為學務處）又傳來廣播：「小朋友，現在在下雨，導護老師提醒大家，不可以去外面淋雨。也請各班導師宣導，並且要求自己班級的學生不要淋雨。」

如果是你，怎麼跟一年級小朋友宣導呢？淋雨多刺激好玩啊！連我有時都想放下紅筆，跟孩子一起在校園跟雨玩躲貓貓。

「天哪！我有個祕密不知道該不該說？」一站上講臺，我就故作神祕。

「老師，你說，你趕快說，我們最喜歡聽祕密。」孩子們全都豎起耳朵。

「就是啊，昨天晚上我睡著了，小天使卻來到我夢中，我請她不要吵我，我想睡覺，但是她說這件事很重要，而且沒有人知道，她想告訴我。」我繼續掰。

「老師，你快點說啦！」孩子們開始躁動。

「我問小天使，到底什麼祕密啦？快點說啊！結果你知道嗎？她竟然跟我說，這個祕密不能跟小朋友說。」我賣起關子。

「吼！小天使怎麼這樣？太過分了！」班長帶頭抱怨，全班立即應和。

「可是，溫老師又想，你們是我最好的朋友，我不說出來很難受啊！」瞧，我其實正在演示這階段孩童的心理發展，一有祕密就藏不住。

「老師，沒關係，我們不會告訴別人這個祕密。」學生認真的承諾。

「就是啊，小天使跟我說：『溫老師，其實天上下的雨，根本不是水，是尿尿小童在尿尿。』你亂講，怎麼可能？『是真的啦！我親眼看見的！你又不住天上，你沒看見，怎麼說我騙你呢？』喔，是這樣啊！天哪！太可怕了！」我一臉驚愕又害怕。

「原來是這樣喔，難怪導護老師一直說不要淋雨，但是，他都不把祕密告訴我們，好那個喔……」學生恍然大悟。

用孩子的語言與他們對話

教了一年級，我才發現自己的「掰功」，竟然能把這些硬邦邦的規定，搖身一變成了我和孩子之間的祕密，更爆笑的是，有時我的腦筋一時轉不過來，學生還會幫我圓場或添油加醋，讓「劇情」充滿轉折與戲劇張力。

「唉！昨天放學之後，小麻雀又來找我聊天啦！」我兩手一攤，滿臉無奈。

「小麻雀說什麼呢？」學生又是一臉好奇。

「牠說：『溫老師，我很生氣，你都沒有好好管教學生！小哲和小柏昨天數學課偷偷玩貼紙，你不是好老師，你應該把他們叫起來打一頓！』」我很想修理那兩個不專注的學生，又不能打學生，只好拖出小麻雀，把我心裡的想法說出來。

「老師，小麻雀好厲害，牠有在看我們上課對不對？」學生非常驚訝。

「當然啊！小麻雀是我的好朋友，牠看到溫老師這麼辛苦上課，小朋友還不認真聽，牠替我抱不平，而且牠還說，如果那兩個小朋友還不認真聽課，乾脆讓他們變成麻雀去外面找蟲吃，小麻雀自己想變成小朋友坐在我們教室，因為，牠覺得當小朋友好幸福！」我代麻雀表達心聲，並且告誡學生。

除了演戲代替訓話，我也常常把這戲碼轉化成文學創作，不然這麼精采的對話，不就白白浪費？這些歷程其實就是「創意作文教學」，而且還能成為「創意班級經營」，學生自己走一遍童話人物的心路歷程，老師自然不需再叨唸過多的教條，還能留下純真動人的童年創作。

「小麻雀跟我說，不然請小朋友來寫和畫一篇『如果我變成了麻雀』。我們假裝自己是麻雀，牠的一天當中會碰到什麼開心和不開心的事呢？」這是最佳的一魚多吃，不僅讓創作無所不在，也消了我的怒氣。

「我要寫，我也要畫，我要來編故事……」學生興致勃勃附和，特別是那些調皮搗蛋的小男生，簡直就是寫「自傳」。

二〇一五年《一年級ㄅㄆㄇ故事寫手：我手寫我口》出版，集結了我多年在一年級的教學經驗，這本書很受老師及家長的歡迎。

之所以有這本書誕生，是因為我總是從開學第一天，就開始讓學生寫或畫「心情小語」，童言童語式的純真幽默，稍稍引導，常常就成了最佳的創作材料。

除此之外，繪本絕對是最優質的幽默與創意來源，讓師生徜徉在故事的天堂。例如，《母雞蘿絲去散步》堪稱喜劇經典作品，絕對讓孩子捧腹大笑。老師說故事的同時，引導學生細究人物性格的刻劃、情節的轉折，以及氣氛的營造，文學的氣息也植入腦海中。

又如，《長頸龍和霹靂龍》不僅是輕鬆又充滿童趣的故事，作者擅長用動物為主角，帶入兒童心理描寫，學生讀來自然產生親切熟悉的感覺，是創意幽默的絕佳示範。

作家瑞珀（Agnes Repplier）曾說，幽默帶來洞察和寬容，冷嘲熱諷則帶來極度不友善的理解。

這句話曾像刀刃般直接刺進我的胸膛，也像暮鼓晨鐘敲醒了我。

回顧初任教師四年，在學生面前總想故作強者，難以走進學生心裡；轉調南師附小後，有機會與低年級孩子為伍，用他們的語言與邏輯向他們學習，不僅學會自我解嘲，還能在他們面前自然流露真誠的情感。

教室裡的爭端與衝突，往往都是欠缺幽默感造成。想要拉近師生距離，不妨善加運用優質好書以及幽默創意的話語，讓師生之間有更多歡聲笑語。

4 將育兒的愧疚，化為積極行動能量

教書六年之後，我請假兩年，請假的名義是「育嬰假」。

當時社會風氣與現在不同，政府尚未廣為宣傳支持婦女請假育兒，申請「育嬰假」的老師並不多。

我看見同事有人這麼做，立刻見賢思齊，就在老大出生半年之後，正好結束手上的低年級班級，二話不說申請長假成為全職媽媽。

其實，當年請假除了想要親自照顧孩子，主要還是想彌補教學上的諸多不足，其中，想進修「音樂教學」是主因，另外，「教學倦怠」才是更關鍵的理由。

親自育兒，卻迎來母女最艱辛的歷程

不知道是否第一次當媽媽，心情都是既期待又怕受傷害，加上正好教一年級，我很好奇人類從出生到六歲，這歷程到底經歷了什麼？尤其教養專家總說六歲定終生，而學前教育對我而言完全新奇陌生，現在有了自己的寶貝，正好趁此機會好好研究並實踐。記得懷著老大時，我讓小一學生來摸我的肚子，從他們無比讚嘆的眼神中，希冀喚回他們無從記憶卻溫馨美好的時刻，這是我最愛的機會教育，孩子們感受到，即將當媽媽的我有多驕傲。

短暫告別教職，回到家成了全職媽媽，同時也是臺南大學音樂學系的旁聽生。最初半年，每週有兩天重拾鋼琴與音樂教學進修，我與女兒還有五天可以獨處，日子過得既充實又幸福。

畢竟老師不是萬能，師專僅有五年的訓練，被迫短時間扮演全知角色，我在最初的六年裡，即使窮盡心力，也深感捉襟見肘。加上同一時間走進家庭有了孩子，必然浮現蠟燭兩頭燒的窘況。

正在慶幸能重回學生生活，而且是自主規劃選擇的學習方式，心理甚是得意滿足。沒想到，老天爺竟然跟我開了一個大玩笑。正在邁開雙腿探索世界的女兒，卻因我的疏忽與無知，在一歲半時診斷出「先天性髖關節脫臼」（新的名詞為「發展性髖關節發育不良」，俗稱「長短腿」）。

猶如晴天霹靂的惡耗傳來時，我慢慢回溯照顧女兒的歷程，過去每一幕我覺得可疑的跛行、鴨步，成了控訴失職媽媽的利箭，每一箭無不穿心劇痛。

「如果可以更早發現，就不至於錯過黃金早療時期。」聽了醫師朋友推薦，我們找到了高雄醫學院非常專業的醫師，他像是提醒又像怪罪的口吻，面無表情的預告，接下來我們得有心理準備，治療與復健之路漫長且痛苦。

醫生宣布他不打算開刀，我內心歡呼，沒多久才明白他所謂的物理治療方式。第一關得先將女兒整條腿到臀部跟身體折成九十度，然後將雙腿綁起來「吊」在病床上方，讓髖關節處拉鬆，接著再上石膏固定。

聽起來簡單的原理，直到親眼目睹，才明白什麼叫撕心裂肺。一歲半正愛活動的孩子，突然被固定在病床動彈不得，痛苦指數已破表，更何況還是把她的雙腿都吊在半空中。淒厲的哭叫聲從病房的冰冷空氣中傳來，每一聲都像無比尖銳的刀鋒，一刀刀刺進我的心，驚慌無助的我，只能強忍著悲痛與自責，不斷安撫失控的女兒，卑微不安的不斷去詢問到底何時方休？

醫生擔心我們不配合，一開始不敢明講，只說大約兩三天即可，真正開始矯正療程之後，才知道至少要八天。聽完這番話，我的心跟女兒的雙腿一樣懸在空中，到底要不要繼續療程？如果現在不做，那之後呢？女兒的雙腿是一輩子的大事，這又是專業的醫療決定，該半途撤出嗎？然而，女兒的哭叫聲夾雜控訴：「不要綁，不要痛痛，我要腳腳下來，媽咪媽咪，我不要痛痛……」我只能無助的接納一切悲傷與劇痛。

痛苦中女兒睡了又醒，然後是接受命運的擺弄，感覺小小年紀的她，已經對人世間的悲痛漠然無奈。看著她的乖巧與順從，我的內心卻掙扎不已，壓抑多時的悲傷情緒一股腦兒宣洩開來。我手握著公用話筒，顧不得旁人異樣眼光，跟在臺南工作的先生哭訴，我受不了，我再也撐不下去，我的心怎麼這麼痛？

哭泣並沒有緩解我的崩潰，是我的媽媽、孩子的外婆，冷靜堅強的安慰著已經方寸大亂的我，彼時，我終於知道何謂「母愛」，透過椎心的痛楚與冶煉，女人，你終將鍛鑄成堅不可摧的堡壘。

沒想到，結束「拉鬆髖關節」將近十天的療程，之後進開刀房打石膏固定，才是真正的試煉。

每一回進開刀房，不是真的在身體動刀，醫生會用手法把脫出髖臼窩的股骨頭「放回」原處，再用石膏固定。然而，因為被包覆固定的時間太長，「用進廢退」，各種運動受阻，之後很容易出現肌肉萎縮，被固定的腿會明顯變細，需要一段時間的康復訓練才能漸漸恢復。

因為不是真正的動刀，醫院就會排在最後一刀，通常都是晚上。要進開刀房，必須前一晚禁食，但經常是隔天傍晚才輪到，這期間女兒什麼都不能吃，等於提前面對殘酷拉扯，認識「妥協」就是人生選項之一。

送進開刀房打石膏，打上麻藥，先把舊石膏鋸開，鋸開過程無法測知深淺，難免傷及腿部皮膚，一道一道的電鋸傷痕，無法包紮敷藥療傷，又被裹進新的一層石膏中。

孩子會長大，腿部也會隨著改變，必須進出開刀房換上更適合的石膏褲。足足半年的時間，從腰部到膝蓋，女兒的膝關節彎曲，大腿像青蛙後腿一樣打開，這段期間完全無法移動，只能靠爸爸和我充當她的雙腳。

結束石膏惡夢後，終於可以續穿「支架」。前後將近三年的治療，成了女兒的童年記憶。每每看著稚嫩的雙腿上被電鋸劃下一道道傷痕，總有說不出的傷痛與愧疚，新手媽媽的自責與不安，成了我極不願意面對的感受。

釐清內疚，接納生命中的不完美

罪疚背在身上永遠不會消逝，壓抑在心裡時間一久，往往變成心裡的「鬼」，不時挑戰我的道德認知：

「如果你是好媽媽，就不會讓孩子受苦。」

「育嬰假竟跑去進修，讓女兒陷入痛苦深淵。」

「你贏得了世界，卻輸掉了自己，那又如何？」

女兒的腳絕對不可能百分之百恢復，醫生和我們的努力，就是讓她盡量接近正常人，可以走路，可以跑跳，也不再跛腳，至少她自己和旁人不覺得有什麼不同。但，後遺症是隨著年紀漸長，體重增加，承受負荷的髖關節依然會出狀況，所以，除了定期檢查，若情況太嚴重，就得再換成人工髖關節。

當我悲傷內疚時，又是吳英長老師開導我，他送給我心理學家卡爾．羅傑斯（Carl Rogers）的名言：「愛是深深的理解和接納。」這並不只是對別人的鼓勵，其實每個自我更需要這樣的思維。

我開始連結我的初任教師生涯，如果因為犯錯就縮手，不再前行挑戰，總在黑暗中舔舐傷口，這叫負責任嗎？或是，接納自己的不完美，甚至告訴自己，這世界根本沒有不犯錯的選擇，試著給自己空間，讓內疚慢慢流過。

找到另一條生命的大道，我把對女兒的傷痛與愧疚，化為正向積極的力量，並且在同時間啟動我的教學第二曲線，投入更多時間在陌生領域，包括音樂教育與親子數學教學。我開始結識更多小學以外的專業老師，例如，臺南大學鄭方靖老師，她的「柯大宜（Kodály Zoltán）音樂教學法」消除了長久以來我對音樂的無知與自卑。又如，引進美國「親子數學」教具學習的一位老師（很抱歉，年代久遠忘記老師的姓名），他耐心又趣味的數學操作引導，讓我見識到數學的純粹與美感。

一旦釐清內疚根源，再誠實確認自己主觀故意的程度，然後用積極作為彌補錯誤，奇妙的事情真的發生了，愧疚的暗黑情緒慢慢散去，連女兒也對學習感到無比興奮。我將全副精力投入學習，未知新事物奪取了我的注意力，我必須更加專注面對挑戰，同時間，又將所學快速應用在教學上，學生與女兒的回饋讓我十分欣喜。

當我讓正能量填滿整個人的內在，我終於領略，擁抱痛苦，原來是一輩子的如常，既是如常，何須罣礙？

5 體育科出身的老師，怎麼教音樂課？

你上過低年級的「唱遊」課嗎？如果你是老師，能確知這門課的教學目標要放在「音樂」還是放在「體育」嗎？

很難想像，民國八十二年以前，小學低年級一直都沒有正式的音樂課程，只能靠有心的老師在唱遊課上引導。

其實，唱遊教學雖然好像內含音樂教育成分，卻從未被認定在正式的音樂教育範疇。然而，低年級小朋友正值感官和運動神經發展最為敏銳迅速的階段，是建立音樂基本能力的絕佳時機。

對於首次任教低年級的我，音樂課程的設計與教學是一大挑戰。

柯大宜教學法，點燃我的音樂魂

南大附小做為實驗小學，不僅比教育部提前兩年將音樂與體育正式分科教學，王萬清校長還邀請當時臺南師院的音樂教授，定期到校幫我們增能。

也就在那時，我才意識到低年級老師所需具備的專業，不僅限於學科，更艱難的其實是藝能課程，尤其是音樂課程的設計與教學。

我當然是自卑的，儘管師專是通才教育，什麼都有學，實際上卻是樣樣不專精。和其他資深同事相較，即使我下午沒課可以重拾琴藝，也無法快速跟上校長的要求，而且，師院教授提倡的音樂教學，根本不是「會彈鋼琴」就能做到的。

特別是鄭方靖老師帶來的柯大宜音樂教學，完全顛覆我對音樂課的理解。傳統音樂老師的形象，一定就是要很會彈鋼琴，事實上，這樣的技能無法評斷一個音樂老師是否優秀。柯大宜強調「歌唱是孩童最自然的音樂語言」、「人人都應該有接受音樂教育的權利和義務，成為具有讀、寫能力和思想音樂的音樂文明人」，深深撼動了我，也點燃了我對音樂教學的興趣。

留職停薪的第一年，我正式踏上柯大宜音樂教學之旅，沒想到，單純的學習動機，卻長出無比豐碩美好的果實。

首先是這條路上的第一位貴人出現，那就是臺南大學鄭方靖老師，她允許我能與南大學生一起上課，使我得以汲取對音樂教學的正確認知並重拾自信快樂。

當許多老師以為音樂課就只是隨琴伴唱，不喜歡唱歌的學生就開始作亂的同時，鄭老師只用一枝音叉，透過她帶領的歌唱遊戲，在無伴奏的情況下，即使低年級也能專注有序的上課。無伴奏的歌唱教學，從都市到鄉村，只要一個受過專業訓練的老師，就可以僅僅拿著一支音叉去實施音樂教學。

我對柯大宜音樂教學一見如故，主因是皮亞傑（Jean Piaget）曾提到：「人類通過概念架構幫助自己了解世界。」對照柯大宜教學法，恰恰不謀而合。任何音樂要素的學習，必須通過預備階段、認知階段、練習階段三階段的教學程序。例如，每個音符都來自歌唱體驗或遊戲的預備經驗，打底工程完備，才慢慢引導孩童感知其規律，接著才會開始走進「命名認知」階段。

道理很簡單，一個陌生人若粗暴介入孩童生命之中，只會使其恐懼與厭惡，反之，若秉持同理，又有邏輯的循序漸進引導，他們就能心悅誠服的愛上學習。最終，孩童經由歌唱中學會「聽」、「唱」之後，對於視唱、讀譜就能跟「識字」一樣順暢無阻，這才是真正利用抽象符號理解並使用音樂的正道。

跟著鄭老師，我想給孩子快樂的音樂課

明白傳統音樂教育窘境，亦堅信音樂教學可以更好，鄭老師除了在大學任教，也奔波演講與扛起柯大宜音樂協會行政事宜。當時，我因不忍老師疲累，也深受老師感召，雖然不是音樂老師，也加入協會擔任志工，一起寫文章分享與推廣柯大宜音樂教學法在家庭與學校的應用。在私下互動中，學了不少鄭老師與眾不同的人情智慧。

鄭老師不僅在我的音樂教學路上啟蒙提攜我，她更成了我三個女兒的鋼琴老師。在大學的教室，我是她的學生，學習如何將柯大宜音樂遊戲及歌唱遊戲的理念運用在小學教學上。在她的鋼琴教室，我雖是家長身分，也依然學習鄭老師的教學智慧，還有她與學生互動時的高情商與幽默感。

很多孩子的鋼琴課經驗都不是太好，但鄭老師很不一樣，她很堅持鋼琴與音樂的專業要求，孩子卻從未感到恐懼或失去自信。相較於自己當老師總是求快的急性子，鄭老師成了我追求的標竿。而有幸近距離學習與對話，也讓兩人的教學理念互動交流而倍感相惜，彼此深知其中甘苦，相約再接再厲。

我常常慶幸，不管是當老師還是家長，何其有幸認識鄭老師，正是她推開一扇大門，讓我們家迎進一道璀璨的光，一睹音樂之路美麗的風景；讓我在音樂教學上不再愧對學生，甚至也將其融入語文教學，例如，我喜歡用「小青蛙找老婆」這首歌來進行注音符號聲調教學，這讓課程好玩又好學，成了學生的最愛。

因為鄭老師的緣故，最擅長柯大宜音樂教學的高雄中正國小許麗華老師，也成了我亦師亦友的好夥伴，以及孩子音樂路上的老師及另一個貴人。一連五年，我每週一次帶著孩子，從臺南到高雄柯大宜音樂中心，孩子上課，我也在旁跟著觀課學習。

那段時間非常辛苦，來回奔波的那五年，我已經結束育嬰假回學校上課，每逢到高雄上課的日子，下班時間一到，高速公路很常塞車，心裡老是提心吊膽，怕趕不及六點上課時間。上完課，還得匆匆趕著回家，行駛在高速公路，沒有紅綠燈走走停停，最怕一不小心睡著，只好邊開車邊打臉，想辦法讓自己保持清醒。相較於昏昏欲睡，暴雨上路更教人膽戰心驚，即使把雨刷強度調到最大，視線卻依然模糊不清，甚至雨刷愈開頭愈暈，前面的路況就像霧裡看花。

有沒有想過放棄？還真是沒有！

因為，我真心認為這簡直是天上掉下來的禮物，教書就是不能有模糊空間，終於打敗音樂教學這頭魔獸，我才更有底氣走進低年級教室啊！

溫美玉老師以兒歌「小青蛙找老婆」進行語文教學實錄影片。

至今耳邊還會想起許老師天籟般的嗓音，還能在腦海裡播放她上課的模樣，每次上完課就像充飽電的戰士。加上得到許老師的允許，我就把她教的課程，幾乎複製在我自己的教室裡。

當時，很幸運的，我們學校採用協同教學，最高紀錄，我一週教六堂音樂課，除了我的班級，還有兩個學年班讓我實踐新教法。

當導師最可惜的，就是同樣的教學只有一次機會；但利用協同方式與同學年同事交換科目，我的體育、美勞交給同事，他們班的音樂由我負責，我就有機會一路修正。這也成了我的音樂教學可以進步的主要原因，並且在日後有膽量答應音樂教學觀摩。

爾後，音樂教學竟然成為我在低年級最喜歡的課程。

非常感謝王校長，二話不說，就變出一間韻律與音樂雙功能的教室，很多實習老師在這裡見證了溫老師創造音樂教學的奇蹟。

比如，怎麼讓孩子乖乖進教室，不要大聲吵鬧，更不能在木頭地板上滑步嬉鬧？

我總是故意趴在地上，輕輕的說：「溫老師在找那一雙最聽話的小腳！」接著，小小的屁股一落地，我就會敲響音叉，並在耳邊確認絕對準確的音之後，柔柔的唱出：「小朋友，你好嗎？」（sol sol mi, sol la sol.）於此同時，搭配手號在視覺空間上呈現音高之間細微的差異性，輔助學生記憶音型。此時，已經訓練有素的孩子，也能模仿我的音準及手號並唱出：「溫老師，我很好！」（sol sol mi, sol mi do.）

又如，怎麼讓孩子從遊戲中，不至於失控又能收音樂學習效果？

我會請全班先排好升旗隊形。老師站在第一排的排頭，然後問學生：「是誰要接上第一排的排尾呢？請舉手！」規律建立後，老師手敲著手鼓，腳步跟著節奏，嘴巴就唱著：「圍個小圈圈，圍個小圈圈，大家手拉手來圍個小圈圈。」旋律是：「do do do do do, mi mi mi mi, sol sol sol la sol do, mi mi re re do.」學生邊跟著旋律唱，腳下走的節奏則是跟著手鼓，直到老師帶領的圈圈圍了起來，全班既愉悅的開啟了音樂課程，也把班級秩序管理妥當。

這是一個最基本的範例，柯大宜課程設計的「圍圈圈」就可以驗證，真正好的教學真的不費力又好玩啊！

二〇二一年四月，鄭方靖老師已經回到天父懷裡，無病無痛、永浴慈恩。謹以此篇文章紀念與感恩她對我在教學及教養路上的扶持與影響。柯大宜音樂教學法，讓一個體育科出身的老師，也能驕傲自信的上好一堂音樂課。

6 真的愛「上」數學課了！

「為什麼計算又錯了？這不是低年級的加法嗎？都六年級了我看你是沒救了！」

「我講到其他同學答案都背起來了，你還錯，到底是哪裡笨啊？」

「這題是求倍數，你以為全世界的題目都是因數題嗎？」

老師恨恨的罵，手上的棍子也配合節奏，一棍、棍落在學生掌心上。

這是我在初任教師時的日常，也是師生最厭惡的數學課堂，我很清楚，棍子就像推土機，總把好不容易建立的信任關係推倒，但，初上講臺的菜鳥猶如孤島，該教的都教了，學生仍然左耳進右耳出，只好請棍子當助教。

教數學，讓我重新學數學

為什麼數學總是扮演師生關係殺手？難道，師培系統沒有教老師怎麼教數學嗎？當然不可能沒有，只是，師培的重點放在數學科教材教法及學習原理，強調的是教學方式，然而，數學有其非常專業的學科知識，即使是數學科系出身，也可能不甚明白數學的源頭，又如何與孩童互動教學？因此，老師自身缺乏數學專業認知與情感認同，是遷怒學生的關鍵。

終於有機會擔任低年級導師，且正值三個女兒陸續報到之際，我開始四處找學習資源，一方面為自己過去的體罰式教學贖罪，二方面也痛下決心，不可再誤人子弟。

很幸運的，我認識了張老師，他引進了親子數學系統，主要以美國全國數學教師協會（National Council of Teachers of Mathematics；簡稱NCTM）的學習為主。為了推廣，他利用十種啟蒙幼兒及兒童智能的學具和兩本書籍，與學員互動。

結合了福祿貝爾（Froebel）、蒙特梭利（Montessori）的學具，並採用皮亞傑的教育理念，以及瑞士數學家古森乃爾（George Cuisenaire，十色古式數棒發明者）的理論，張老師把簡單的十種數學學具，變出一堂又一堂好玩的數學課。

我上的是家長的師培課程，上課很燒腦，充滿挑戰。剛開始其實有點不自在，因為，我不小心讓他們知道我是老師，之後，眾人眼神立即閃著敬畏：「溫老師，等一下我要靠你囉！」雖然極力撇清我也是來學習的，卻沒人同情。

「溫老師，你來講講你的思考歷程好嗎？」所有學員目光像棒球場的強烈聚光燈，「啪」的全聚焦在我身上。

「沒關係的，慢慢來！」老師發現我緊繃的神情，試圖緩解氣氛。

「我……嗯……就是……」腦筋整個當機打結，平常伶牙俐齒，現在竟只能望著桌上的「六型六色積木」乾著急。

「還是你等一下再發表，我們先請另一位學員來分享。」氣氛顯得尷尬異常，老師只好打圓場。

「對不起，我真的想不出來，從一開始，我就沒聽懂！」閉上眼豁出去，我再也不想假裝。

沒想到，當眾卸下老師這個身分的緊箍咒，我感覺到前所未有的解脫，也在瞬間同理了課堂上那些傻站著講不出話的學生。

柏拉圖曾說，許多我們為之興奮的事物，如名譽，大部分是文化觀念投射到我們脆弱斑駁的腦海中的虛幻影子。

多年後，我才明白這就是「固定型思維」的源頭，一旦名過於實，學習者心裡就會想著絕對不能「漏氣」，最終就演變成不敢嘗試錯誤，也不願意開口討教，可悲的是不懂還硬要裝懂。相較於坐在一旁的學員們，有的是家庭主婦：「小時候老師罵我很笨，現在想來補課。」完全沒有包袱的學習心態，促使他們勇敢發問，甚至很自然的流露出無知與好奇，過程輕鬆愉快，想必收穫亦是超乎期待，這不就是「成長型思維」嗎？

當時，心裡住著大魔鬼的我，開始咒罵自己：「我是怎樣？端著架子來學習？你以為你是誰？」彷彿一道閃電劃破寧靜的夜空，我終於想通：「我繳學費上課就是學生，我就是笨才要學，幹嘛裝啊？」放下身段之後，每次徹底學懂一個數學觀念，我就會默默在心裡對過去的學生說：「對不起，溫老師錯了，你學不來，我的責任最大。」原來自己的數學概念與基礎這麼含糊薄弱，也難怪上課很容易對學生發脾氣，其實就是源於沒自信，沒自信的原因源於實力不夠。

讓孩子自己教會自己

後來，教育部在民國八十八年倡導「建構式」數學，我躬逢其盛。當時小組召集人是臺大數學系黃敏晃教授，強調孩童要從經驗中，主動自行建構數學的意義。初期必須先由實物、概念及簡單的計算，增強對數學的興趣，後來才陸續加強學生的計算能力。

撇開新數學教育的試驗被視為失敗之說，我倒是從這波數學改革中成長許多。例如，人本教育基金會特別成立研發中心，為孩子編寫了《數學想想》做為數學輔助教材。當時，看見數學課本封面竟是米羅、康定斯基等名家的畫作，我立馬買來做為教學參考資料。喜歡嘗鮮的我一讀簡直欲罷不能，我很明白，這些教材雖然無法立即融入教學，但可做為老師的補充與增能，這套數學思維更像哲學思辨，幫我注入更多以學生為本的思維，提供他們不斷思考表白的機會。

當時擔任總主筆的臺大教授史英反覆提到：「數學答題的錯誤不是用權威來指導，

而是讓孩童自己發現，這才是關鍵。」

也就是說，教學者的任務是提供孩子思考、提問和信心的環境。孩子遇到困難題目，以反問方式讓孩子思考，或利用學具操作，自己找到答案，對腦部的刺激更有利。因為這樣的正向激勵，民國八十九年，我曾嘗試讓二年級學生寫「數學日記」。從學生留下的紀錄中，我可以很明顯看見自己與過去最大的不同，那就是真的愛「上」數學課了！

以下是幾篇孩子的數學日記：

溫老師出了一個難題，題目是「5個十和幾個一，和幾個十和6個一，合起來是88」？

我的做法是：5個十等於50，6個一等於6：

88-56 =（32）

$$\begin{array}{r} 5\ \square \\ +\ \square\ 6 \\ \hline 8\ 8 \end{array}$$

答案是3個十和2個一。

蘇上傑也上來說，他的做法跟我差不多。玲毅不懂這一題為什麼要這樣寫，李芸、蔡秉中、蘇上傑也上去解釋給她聽。我覺得這次的討論更好了。

＊＊＊

今天老師上課的內容是：「1張郵票5塊錢，11張是多少元？」

這個題目很複雜，但是今天有個人寫出乘法「×」的符號，讓溫老師很驚訝，因為她從來不懂這個符號。

溫老師學了這個新符號，迫不及待的要了解那個符號。

我們就跟老師解釋說：「那個符號就代表幾倍的意思。」

比如說，剛剛那一題數學，數字就很大，所以就可以使用那個符號，因為這個符號太方便了，所以老師就叫它「魔力符號」。

今天上的數學課跟以前不一樣，這個方法比以前的方法還方便，因為數字太大會搞混，我學了一種更方便的符號。這堂數學課比以前更有趣。

學生的數學日記總是讓我又驚又喜，因為思考表白是學習者最佳反饋系統，這樣的任務體現「自己教會自己」的成效。比起每天派一張數學考卷，日記不僅有省思，還讓老師有更多的包容與同理心。剛開始教書迷信考卷練習，結果總是讓老師的視線與心理被分數綁架。當我不以責備羞辱為手段，邀請學生認真回顧上課思辨與收穫，不過度練習，只把該練習的習作寫完，正式考試時少了恐懼，多了自信，學生成績竟然更出色。

日記體現的內容是什麼呢？

有個寶貝很誠實：「今天上課我覺得題目很難，所以我就偷偷去看別人的，我覺得好困難，我好想不要算，我感覺快要睡著了，同學就告訴老師我不舒服，其實我根本不是不舒服，所以我就在上課時睡覺。」即使聽不懂，還是可以勇敢說出來，讓老師另外加強指導。這樣的友善數學課堂，我過去根本想都沒想過啊！

爾後的課堂，數學成績好壞，已非我關注的唯一焦點，進修了這麼多「以學習者為中心」的數學教育課程，懂得「借力使力」，利用數學學具理解抽象概念，更掌握了如何正確且溫暖的提問技巧，讓學生上課忙著操作學具，或澄清自己的思路，想辦法說給別人懂。每向前走一步，我就感覺腳步更為輕盈。

若還有人問：「數學課，最容易讓你抓狂嗎？」

我會答：「不！我現在最愛上的是數學課呢！」

7 把教學觀摩變成創意的「上課趴」

「好消息，親愛的姊妹們，這次親師日不用教學觀摩啦！」學年主任興奮的宣布。

「哇，太棒了！」辦公室裡爆出歡呼。

「真的嗎？有反映有用，終於啊！」同事們喜不自勝的附和。

只有我無言，不知該一起高興還是感到遺憾。

當然，我也跟大家一樣覺得如釋重負、輕鬆不少，然而，轉頭又想，難得有機會讓家長近距離看寶貝在教室上課……好不容易可以不用多費唇舌跟家長解釋，直接在課堂中傳達我的教學理念。

唉！真可惜啊！

觀課者請進，一起互動吧！

我得誠實，每每得知要被觀課，心情是複雜的，有迎接挑戰的興奮，還有對成功的期待與幻想，然而更多的是負面情緒一擁而上，不斷在腦海放大失敗的種種難堪。例如：學生當天要是不合作怎麼辦？突然忘記下個任務會怎樣？如果課上得太無聊會被打槍嗎？我能接受一堂失敗的觀摩課嗎？

多年後終於找到適當的故事，來詮釋最初面對被觀課時內心的糾結。

印度有個誘捕猴子的方法，首先在椰子上打洞，再把香蕉放進裡頭，然後把這顆椰子掛在樹上。猴子一看到香蕉，會很自然把手伸進椰子裡頭，但是，拿著香蕉的手，卻很容易卡住拔不出來。怎麼讓手安全出洞？其實，只要猴子鬆手放下香蕉，一切就又恢復原樣，就是沒法吃到香蕉而已。

沒錯，面對教學觀摩，我們的掙扎真像故事中的猴子啊！若想提升教學能力，打開教室讓同行觀摩，絕對能快速點出自己的優勢與盲區，但，同時也意味著，要有強大的挫折容忍度，面對優勝劣敗的傳統價值觀，很難忽視外界評價。每每負面思考上身，就會像那隻猴子一樣：「反正不吃又不會怎樣，就縮手吧！」也許這就是大家都怕「教學觀摩」的主因。

退休後再回頭省視，我最要感謝南大附小。身為實驗小學老師，我們肩負教學示範的義務，過去臺南大學還在師資專科與師資培育學院的年代，這些準老師們必須到所屬附小見習或實習。正因為是學校每個老師的義務，大家也就習以為常，不知不覺中，好像也都發展出一套求生之道。

有一次，從操場升完旗往教室前進時，遠遠就瞄見我的教室外站了一群大學生，大約五十人，我趕緊問同事：「所以，我等一下要被觀課？」同事知道我迷糊，但還是不可置信的說：「拜託，我看見觀摩表上你有簽名耶！這麼重要的事你竟然還忘記！小姐，是數學課喔，你到底有沒有準備好教具？」果然是好姊妹，也是內行的，一到教室她馬上請學生把「古式數棒」送到我的教室。

不過，我一點都不擔心，要緊張的可是那些觀課者啊！此話怎講？我的習慣是，只要來觀課的，就得讓他們變成教室一員，跟我的學生一起學習、互動。

「親愛的小朋友，今天真是太幸運了，我們多了很多同學喔！」我愉快的宣布。

「老師！那我們不懂的，就可以請新同學幫忙回答嗎？」孩子們馬上接招。

「當然囉！這些都是未來的老師，沒什麼厲害，就是上課很專心，而且會禮貌的示範怎麼回答問題，還會認真做筆記。」把一頂又一頂的高帽子拿出來，再幫他們一一戴上去，等等上課絕對賓主盡歡。

「小君，這題有點難，要不要請後面哪位準老師幫你呢？」

「哇！準老師好，我看到你剛剛上課好認真，能不能麻煩你幫我挑一個小朋友回答這個問題呢？」

「現在，溫老師需要每組有兩個準老師協助，我來計時，等等全組要一起上來分享，麻煩準老師幫忙組織……」

一旦把上課焦點放在學生和觀課者間的交流與合作，老師的角色就是分派調動與提問總結，瞬間解除「被觀察」的壓力；而這群觀課的大學生，因為被我賦予神聖的角色與任務，也不再是尷尬的旁觀者；最興奮的莫過於小朋友，有了新同學一起助陣，上起課來比平時更帶勁啊！這堂充滿趣味又創意的課程，若非學校刻意安排，老師再厲害都無法變出這樣的學習情境。

省思教學歷程的寶貴機會

除了校內輪流的觀課，在我的教學生涯中，臺南大學游麗卿教授，曾帶領大學生及碩博士生，到我的課堂上進行定期觀課長達五年。游老師從事「質」的研究，這些精緻細微的研究講求的是「教師思考或教師表白」，所以我上課所講的每一句話，或是事後的教學思考說明，都會被一一記錄並且成為研究探討的資料。這跟前述的單次觀摩很不一樣，所以，我總是在教學結束後，幾乎花上教學的雙倍時間，不斷回顧教學歷程，並透過一次次的訪談與思考表白，赤裸裸的面對諸多質疑與挑戰。

剛開始看見我上課被記錄的「語料」，不僅震撼，更多的是驚嚇。過去上完課，總覺得自己課上得很不錯，偶爾還會沾沾自喜，沒想到，讀了這些語料，才發現自己廢話這麼多，有時問的問題還不知所云，口頭禪更是讓人怵目驚心，更可怕的是，我總是想主導學生的思路，難怪游老師從學術角度分析，認為我的教室並不是真的民主。

相較於吳英長老師，我跟游麗卿老師的感情很不一樣，她就是一個完全中立客觀的觀察者，也是專業又孜孜不倦的研究者，對於我在教學的熱情與奉獻，她從不吝惜表達尊重與喜愛，但，她最讓我心服口服的是學術分析的毫不妥協，在她面前，我終於可以承認我的教學永遠不完美。

很感恩游老師帶我走到教學的另一高峰，那就是不要把自己的人與教學畫上等號。什麼意思呢？

記得好幾次我被問到幾乎要翻臉，內心真有說不出的憤怒與委屈：「要不是我好心答應讓你們長期觀課，誰會沒事想被看，還要在事後被審問（思考表白），我是欠誰啊？不然你們自己來教教看啊？」

奇妙的是，慢慢的，我開始學會自我解嘲，總是大方承認自己的上課疏失，誠實的告知我當時其實對哪個學生很不爽，情緒是故意壓抑的……。在這之後，我愛上了這樣的自己，也明白了游老師的高明與用心，更由衷感謝老天爺送給我這個省思教學歷程的寶貴機會。

民國九十二年，恩師吳英長帶領大四學弟妹觀摩我的語文科教學，一位學妹寫了超過萬字的觀察紀錄，從中可窺見吳老師擔任教育實習課程的老師，對於觀察者的要求與指導，是如何的高標準與高精準度。而對一個被觀摩者而言，這就是最好的回報，有人從旁記錄並分析，這堂課的價值瞬間暴漲，老師的能力也同時快速提升。

節錄學妹的一小段上課紀錄與省思：

小朋友在回答的過程中陸陸續續提到因為棕棕「偷」了青青的果實，讓青青非常生氣。在小朋友發表完後，老師慎重的表示要介紹一個很重要的字。老師在黑板上用紅色寫了一個大大的「偷」，並問小朋友：「你覺得棕棕的行為是偷的請舉手。你認為不是偷的行為請舉手。」並讓持不同意見的小朋友各自發表看法。

「只是好朋友在開玩笑，不是偷。」

「那為什麼他要跟別人分享果實？」有小朋友提出反駁。

「他本來想要借，但是忘記跟他說。」

「如果沒有經過人家同意就拿走，就是偷的行為。」小朋友再一次提出反駁。

「應該不是偷，好朋友本來就可以分享東西。」

「如果不是偷，棕棕可以不要用跑的，可以跟青青說。」

聽完小朋友的互相對話，老師接著歸納出小朋友從文章內容中提出有關偷的線索，他們是如何判斷這樣的行為叫做偷？

從這個地方可以看出小朋友在道德層面的判斷，當有小朋友認為這樣的行為是分享時，就會有其他反駁的聲音出現。這讓小朋友有機會做價值的重新釐清，一個會讓人判斷是偷的行為是有跡可循的，所以一定會有更好的方法不讓人誤會，但是棕棕並沒有這樣去做。

從這樣的討論聲音中我們可以發現小朋友的潛力無限，我們千萬不能低估他們的能力，即使只是二年級的小朋友，卻能在這樣深度的文章中討論出精采的見解與看法。讓我們佩服的是幾乎每位小朋友都能夠這樣有條理的說出自己的看法及立場，我想這樣的訓練應該是老師在平常的班級經營或是課程中培養出來的能力，例如：小朋友拿麥克風發言時，若其他同學不專心，會說：「小朋友請看我這裡。」其他小朋友會一起說：「好。」這是對發言者最基本的尊重，而透過這樣的對話方式也可以讓小朋友獲得該專心聽別人發言的訊息，另外我也發現老師會訓練小朋友用完整的句子來回答問題，當有小朋友一開始無法流暢有條理的回答問題時，老師就會幫他開個頭，例如：「我的想法是……」、「我覺得棕棕的行為是／不是偷……」、「溫老師的問題是……」、「我覺得青青失望是因為……」等等，這樣長久下來不但可以訓練小朋友用完整的句子來組織思考，也可以經由老師的提示更順利的接下去表達自己的想法。

怎麼看待教學觀摩？為什麼當老師要做教學觀摩？

不妨把教學觀摩變成一場創意的上課趴，讓老師、學生及觀課者三方皆受益。此外，阿德勒提出，個體的最大意義存在於和他人的交互作用中，對於他人有意義，才是真正的意義。如今我們繼承的一切都來自祖先的饋贈，他們留下的農田、公路、房屋等歷歷在目，祖祖輩輩的經驗、哲學、科學、藝術以及應對各種人類境況的技術都傳遞給了我們。所有這一切都是對人類福祉有貢獻的人留給我們的。

沒錯！如果觀課與被觀課者，雙方都能認真嚴肅看待這項活動，其實當下每一堂參與觀課的，都是阿德勒眼中對人類福祉有貢獻的人。那麼，教學生涯所追求的成功，就不只局限在虛幻的個人優越感，而是真正的人生意義。

8 真心共情的道歉，穩固親師生三方信任

國中小學老師的角色很特殊，明明服務的是學生，但往往和老師衝突的卻是他背後的家長。如果是店員對顧客，或者業務對客戶，還能面對面說清楚，偏偏我們眼前面對的不是一般「消費者」，有時即使費盡心思，用盡全力，也不見得處理得好。

罰學生站，我竟忘了他們

剛到南師附小時，我擔任一年級導師，學生都很可愛，當然也非常調皮搗蛋。一次數學課，兩個小男生竟在上課中就打了起來，當下因為還有五分鐘就要放學，我內心急

著把課上完，於是板起臉孔，毫不客氣請他們站在教室後面。

當時學校規定，低年級下午沒課就不必在校用午餐，於是，鐘聲一響，很自然也就帶隊到校門口幫助學生過馬路。諸事落定，就穿過對街便當店買午餐，湊巧遇見家長便聊了起來。

隔天一早改聯絡簿時，看到其中一個小男孩的家長留言：「溫老師，不好意思，昨天中午沒有經過您的同意，我就把兒子先帶走了。另外一個小朋友，他說是自己走回家的，我也順便送他回家。」

「天哪！我到底幹了什麼渾事啊？」

隱隱不安直衝腦門，立馬搜尋我跟這個家長的互動狀態，細細核對推斷，接下來該採取什麼行動？

首先，我把這事情直接跟全班報告：「親愛的寶貝，昨天溫老師犯了一個錯誤，我請小偉和小龍兩個寶貝到後面站著上課，可是，放學時，我忘了要請他們也一起排路隊，現在老師要跟他們道歉，是我沒有做好這件事，小偉和小龍請原諒！」說完，我就朝他們九十度鞠躬。

「你們要原諒溫老師啦！她又不是故意的……」兩個小男生笑得很靦腆，全班開始起鬨。不出意料，孩子本來就是天真善良的天使，只要成人願意誠心認錯，他們絕對寬容不計前嫌。

然而，與此同時，我更想訓練全班幫我一起解決類似困擾，這也就是我在班級經營的核心概念：不能只盯著眼前問題瞎忙，有經驗的老師會把這件事升級，讓更多人協助防患未然。

道歉之後，我問伞班：「怎麼辦？我的腦筋已經不夠用，我的眼睛也只能注意一件事，要放學時，我只注意眼前的事情，竟然忘了提醒兩位寶貝一起排路隊。大家一起幫溫老師想想，該怎麼解決這個問題呢？」

接下來，一大堆天馬行空的答案中，我聽到了一個亮點：「老師，你可以請他們自己看時鐘，看長針走到哪裡，就回到自己的座位啊！」

「妙啊！讚啦！」我大聲讚嘆，此刻全班也一致贊同，還有孩子附和：「被罰站還可以學看時鐘耶，哈哈！」

家長在乎的是，我們對待孩子的真心

先在教室親自認錯，而且也把未來可能再犯的錯誤降低後，心裡有個底也稍稍安了心，接下來最要解決的難題是家長。

終於等到中午放學，一看見小男孩的媽媽我趕忙上前。接著我把早上怎麼跟孩子道歉，也請全班一起想辦法的經過一一說給她聽。她不斷點頭向我示意，並且激動的握著我的手說：「溫老師，你竟然當著全班面前跟我的孩子道歉，真是不可思議啊！難怪我的孩子那麼喜歡你！」

我不好意思的謝謝她的體諒與讚美，接著，她才跟我說：「其實，我昨天看到我家兒子和另一個小男生站在教室後面，一個人都沒有，你也不在，我很生氣！聯絡簿上的文字，是我努力壓抑自己，勉強表示禮貌，不想讓老師覺得我們家很難搞，加上，我問兒子溫老師怎樣，他說很喜歡你，所以，我想這次就算了。沒想到，你真的當回事，竟然跟孩子道歉，而且讓全班知道你做錯事，這讓我很驚訝！」

聽到這裡，我不禁倒抽一口氣，也慶幸自己原就磊落坦誠的個性，更重要的是，我好像聽懂了一些端倪。看著我的一臉狐疑，媽媽又繼續跟我解釋：「我的意思是說，其實老師不用討好家長，是我的小孩跟你互動，有什麼問題也是你們彼此的關係最重要，如果，今天溫老師你只有跟我賠不是，我也許OK，但你卻跟孩子道歉，讓我的心真正釋懷，而且打從心底敬重你。」

聽到這裡，我不禁感動的問她：「我可以擁抱你嗎？」她立即張開雙臂，我們就在學校的大門口緊緊相擁，像是多年未見的好友般。

原來，家長要的不過是我們真心與孩子的互動，如果我和她的小孩衝突未能化解，釋出再多善意皆是枉然。這一課，我學到了！

會習慣跟孩子道歉，首先得感謝吳英長老師在我們念師專時，在「創造心理學」這門課上講授的「道歉學」。吳老師補充的文章中，我印象極深的是林良先生說：「道歉絕對是解除衝突的最佳手段，不過，要特別注意的是，真正有用的道歉，重點應聚焦在自己認錯的行為，而不是對方是否立即原諒。」

這樣的思維，主導了我日後的危機處理基調及流程：一、坦承錯誤；二、真心道歉；三、彼此學習；四、共同圓滿。

再來就是在彰化初任教師期間，班上學生家長為了溫飽，幾乎少有精力顧及孩子在校學習，往往全部丟給老師，好處就是，老師說了算。然而，當老師怎可能不犯錯？自覺錯誤，我第一個想到的道歉對象，很自然就是學生本人，這樣的處理順序來到附小一樣未變，沒想到卻解救了我，原來，搞清楚道歉對象，才是關鍵啊！

糾正學生，也共情家長

那麼面對家長呢？親師天天交手，總有不慎冒犯之時，什麼時候需要第一時間跟家長道歉呢？

老師常常為了告誡學生不可再犯，又覺得光靠學校及老師的力道不足，最常借助寫聯絡簿。然而最容易引發衝突的原因，通常是因為輕描淡寫的「告知」毫無殺傷力，不知不覺就變成情緒爆炸的「告狀」。

例如，小輝已經多次未按時交作業，追問時閃爍其詞，一下子說忘記帶回家，或者說沒有時間寫。請他在學校趕緊補完，三番兩次恍神或者乾脆不見人影，造成老師極大困擾，上課時間還要停下來特別處理他的狀況，對全班同學很不公平。之前已約定，只要再犯就要告知家長，希望家長能協助小輝在家把功課寫完，不然上課很難跟上全班進度，課業成績也一定受影響。

老師的工作就是在不斷勸誡中輪迴，面對功課未寫、未交，與同學打架衝突……永無止境的管教，令人身心俱疲。

每每一氣就會把學生找來，有時還當著他的面，故意將聯絡簿內容大聲告知，偶爾，如果是高年級就請他把老師的意思自己寫上去。當下就是希望借助家長力量，讓學生改正偏差行為。

初始，還搞不清楚為什麼，只要一早寫了措辭嚴厲或極為憤怒的聯絡簿，當天整個人就不舒服，內心暗潮洶湧：「我為什麼就是過不去呢？」

自作只好自受，為了讓心裡好過，只好又趕在家長看見小孩的聯絡簿之前，與家長通上電話。通常我是這樣開口的：「媽媽（爸爸）好，我打這通電話的目的是想跟你先告知，我今天在寶貝的聯絡簿措辭嚴厲，我擔心你會嚇一跳啊！我寫了……，這些主要是因為很希望他改正過來，為了讓他明白事情的嚴重性，我就沒有給他客氣了……真心期待他能進步，不然太可惜了。你可以跟我配合演一下戲嗎？我很想在我當他導師期間，就把他的好習慣建立起來。」

奇妙的是，通常就這麼一通電話，我整個人就能如釋重負，不再恐懼隔天家長會有什麼回應，意外收穫是，有時家長還會在通話中謝謝我的貼心，願意不怕麻煩的多一道關懷，讓他們不再看著聯絡簿就胡思亂想，或者失去理智打罵小孩。

剛開始打電話給家長，真的是出於害怕被告，慢慢的，我終於讀懂心理學家卡爾·羅傑斯所說：「深深的理解，是一個人可以給另一個人最珍貴的禮物。」我喜歡「深深的理解」這個語詞，這也是羅傑斯一直提倡的構建諮詢關係中的「共情」。

共情，是設身處地站在對方的立場，感覺家長的為難或衝擊，想想家長會怎麼解讀聯絡簿上的訊息。每當我通盤設想與思考之後，就會不忍心看見辛勞一天後的家長，為了我一時氣惱的衝動文字，大動肝火或搞得全家雞犬不寧；也會在擔起溝通責任的同時，讓他看見溫老師絕對是和家長站在同一邊，並且積極尋找孩子的未來道路。

在起霧的山中小徑行走，你無法把眼前的霧撥開，想往前行進，只能與其相伴。

這段描述，是不是像極了親師相處的哲學？老師和家長之間，也隔了一層濃霧，彼此都想看清對方，卻難以企及。這樣的關係，可能相互擁抱嗎？不妨試試「向學生道歉」與「共情家長」，這是我能在教學生涯「安全下莊」的心法。

9 夢想與實驗的場域：讀你我工作坊

李叔同《晚晴集》說：「世界是一個回音谷，念念不忘，必有迴響。」

電影「一代宗師」裡，一生倔強桀驁的宮二（章子怡飾）對著葉問（梁朝偉飾）深情告白，女人心的柔情，無法在男兒剛毅的臉上留下刻痕，哀傷悲悽的音樂揚起，葉問只能把宮二父親曾說的話：「念念不忘，必有迴響」再次回送，此刻，我不禁落了淚。

電影落幕，夢醒面對現實，誰的一生不都「念」著、「想」著？但，「念念」之後真能有「迴響」嗎？

我的解讀是：真想的一念會千迴百轉不肯散去，如是再念必得躬身入局落地築起。我的教學人生，就是不斷在這個信念之下「輪迴」而後「破框」。

在紐西蘭遇見人本教學

二〇〇〇年因為讀了作家好友丘引的《長頸鹿、羚羊奔跑的操場：我和兒子在非洲的 DISCOVERY 之旅》，內心不斷湧起也帶三個孩子出國的念頭。我明白我不是丘引，然而，心裡依然不放棄，心裡總想著必定有變通的方式，例如，讓孩子在當地上學，而我可以就近觀摩不同國家的教育方式。

二〇〇四年，好友 F 的親人一家移民紐西蘭，一直希望暑假期間，F 能帶女兒去那裡體驗與學習。可惜她要工作無法成行，就和我商量，希望我一次帶四個女孩到紐西蘭「隨班寄讀」兩個月。

這趟紐西蘭之旅，除了遊山玩水，最主要的目的就是要讓四個孩子在當地上學，而我也張大眼睛滿懷期待，想要感受西方教育與臺灣的不同。

這一年暑假正好碰到希臘雅典舉行奧運，紐西蘭學校沒有既定課本，老師已提早把這世界盛事列入課程。於是，七月中開學，全校開始進行校外晨跑，並且讓學生分組進行體育項目，彷彿也在奧運場上競賽，感受與學習體育運動的技能和風度。

除了動態課程，老師準備了學生所來自國家的相關讀物和各種資料，學生相當投入，除了戴著自己國家的國旗頭飾上學，還藉由相關課程任務，認識了不同國家的風土民情與地理位置。

紐西蘭小學的主題式學習引發我極大的好奇，親眼見證老師們不受限制的規劃教學，花大量時間建構生動可感知的場景，讓學生走進奧運場景和運動員的心理世界，我腦子一轉，興奮異常的大喊：「天哪！這不就是人本大師卡爾．羅傑斯想要的教學嗎？」然後思考著：「我是否能放手一搏，向大師致敬，以他的學說為本，把讀寫領域的人本學習樣貌，也一一構建出來呢？」

卡爾．羅傑斯認為：「意義學習是與自身各項經驗皆融合的學習，也就是個人情感和認知兩方面都投入學習活動。」就像難得遇上四年一度的奧運會，學校直接仿照奧運會的形式和內涵，讓學生自己創造布置奧運場景，學生自然而然能夠認知及感受奧運的精神與價值。

為沉浸式學習而生的「讀你我工作坊」

二〇〇四年九月回到臺灣，我把在紐西蘭的經驗，還有過去在腦子裡迴旋多年的「帶女兒自學」的想法，一股腦兒說給吳英長老師聽。老師聽完，緩緩的提到一個學妹張卉姍，教甄挫敗的經驗，讓她打定主意不再報考體制教師，她或許是我可以合作的人選。因為有了夥伴，加上我申請留職停薪兩年，當下就決定著手成立「讀你我閱讀寫作工作坊」。

打造一間夢想的讀寫實驗基地，需要金錢、時間、心力、人力的投入，然而，我心中最為優先及關鍵的卻是「課程」，如果在此前沒有累積，或者此後沒有人可以交棒，我絕對不敢貿然前行。

卉姍不僅敏銳聰慧，臺東師院求學期間，她專注的跟在吳老師身旁學習，雖然年紀比我小了一輪，但其教學專業及後設認知能力，成了我最愛互動與挑戰的對象。我們倆都對教學有莫名的狂熱與執著，兩年留職停薪期間，我和她一起主導課程的研發與設計，當老師以來，這段日子可以說是我腦袋最奔放自由的時光，我終於能夠擁有自己說了算的教學內容與場景。

例如，有一次我讀《商業周刊》九百三十四期，封面標題是「細節裡的競爭力」，故事主要從鄭和下西洋六百週年講起，震撼了我對「偉人」的賞析方式。

過去教科書裡的偉人都是模糊的面貌，因為我們不談專業領域，只重歌功頌德，沒有煙火氣、少了務實感的這群名人，只剩下名字，真的談不上有什麼令人動心之處。然而，透過卡爾．羅傑斯的滲透性（pervasive）學習觀點，課程設計除吸引學生熱切參與外，要讓學生走進主角的內在世界，就能影響學習者的行為、態度，甚至個性。

有了明確的教育理念，加上強大的吳老師做為後盾，還有卉姍與我高度的認同，我想要發展一門有關於鄭和的課程，讓孩子扮演鄭和。跟著他一次一次的去航海，隨著他成功與失敗的腳步做調整，也就是說，我們要認識的鄭和，是一個能否帶領我們，成為更好的決策、發號施令，並承擔經營成果的人。

還原當時造船的過程，有哪些需要注意的技術？又需要具備哪些管理學上的能力？如何說服政府官員以籌措財源？更重要的是，鄭和一生的志業與「細節裡的競爭力」有什麼直接關係？證據是什麼？

一連串的關鍵提問，早已超越過去我在教室的教學能力；想要讓學生擺脫時空限制，如臨現場的大量沉浸式學習，需要的上課資料已非紙本可因應。還好，我們趕上了網路科技蓬勃發展的時期，快速補足教學的空缺與需求。

為了把所有備課思考、課程設計、教學歷程以及學生學習回饋……等，都能在結束後一一呈現給家長，我和卉姍開始編寫「課程報告」。這是一件浩大艱困的工程，我們要承擔的不僅是心力與體力上的透支，還有教學前、中、後海量的資料梳整。現實的問題是，教書已經很累，課後還要批閱上課學習單，以及學生完成的作文，更可怕的是，得趕上學生作品發放時間，送出嚴謹的課程報告給家長。

每一個主題皆進行長達一個月，每個月四次課程，每週兩小時，也就是說，每個月都要經歷挑燈夜戰的痛苦，每每夜深人靜都悔不當初，內心掙扎著想：

「幹嘛寫啊？為什麼要讓家長明白我怎麼教，還得讓他們知道系列主題課程的來龍去脈？家長會領情感動，還是會認真閱讀？哪個課後學習中心幹這種事啊？」

真想放棄的當頭，另一個自我卻又突然竄出：「認了吧！家長有幾個會當真呢？倒是你自己，信誓旦旦成立夢想與實驗式的教學場域，卻不好好寫下這麼長時間醞釀的課程，這不就是決定懷孕，但不想歷經生產的痛苦？放棄只要一秒鐘，然而，這麼矛盾的教學信念，你……過得去嗎？若只是為了讓自己的教學趨向完整，不為任何人而寫，你還願意嗎？」

「是的，我願意！」

一旦被自己說服，與自己和解，事情好像就沒這麼難了。在沒有任何前人經驗可遵循之下，我和卉姍互相激盪，加上吳老師的提點，確立了課程報告的要項：

一、**主題發想**：為什麼學生需要在這階段學習這個主題？這次學習會讓他們有什麼改變或影響？

二、**文本賞析**：這些文字、圖片或影片，如何詮釋與引發學生對主題的掌握？

三、**教材安排**：每一堂課相關資料帶出的次主題，彼此如何環環相扣與銜接，最終達成主題完整學習？

四、教學歷程：記錄師生上課互動的精采片段，學生藉由這樣的創新課程設計有哪些心得？

五、學生讀寫成果分享：從深度閱讀到創意寫作，學生的學習成果發表與老師的課後批閱回饋。

除了「文學主題式單元教學」，接著又在寒暑假期間推出「中國歷史文學」、「世界歷史文學」。每個單元的閱讀寫作面向極為豐富多元，不僅提供「文學」、「科幻」、「藝術」、「音樂」等不同領域的文學作品與繪本、少年小說或是精選文章進行深度閱讀，還透過戲劇引導、實物觀察、走讀……等，讓學生愛上迥異於體制的學習。除此之外，也會針對閱讀技巧，將文章重點加以分析理解，抽取名作家的寫作架構及技巧，幫孩子搭起一座鷹架，讓他們能有效遷移到寫作上。

這麼龐雜且從零開始的教學，像極了烹煮料理。在正規體制裡分科極細，每一科都有自己的教材，老師只要遵循教師手冊，也能烹煮出美味佳餚。「讀你我工作坊」則是捨棄分科思維，甚至把細分的科別，重新組織融合成特定主題。這其中沒有對錯，就像各國特色料理各擅勝場。

明朝大儒王陽明強調「知行合一」，更確切的說法是「知即是行」。教書十六年之後，我已經無法滿足於體制的教學樣態，不滿足就自己做出來！正好留職停薪兩年，想「做」成一件事綽綽有餘，於是「讀你我」孕育而生。

用王陽明的觀點檢視，如果我想的不對，「讀你我」一定不會成功，但是，至今十七年，這裡成了我家女兒與諸多孩子的另一個學習天堂，除此之外，短短兩年的挑戰，也大大改變我在體制內的教學，引發了後續的「溫氏效應」。至此，終於明白多年的「念念不忘」，其實是為真實的未來做準備！

10 陽光書香，滋養孩子想像力與我的夢想

雖說成立讀你我閱讀寫作工作坊，主要是因我想擁有「自己說了算」的教學空間，但，想擁有一間「大書房」也是原因之一。

因為愛書成痴，尤其收藏無數繪本，住家書房漸漸難以容納，當時遂動起不如把藏書公開的念頭。

書籍如此珍貴，我當然不想隨便找個書架擺上就好，我心中的範本就是誠品書店。

我希望大書房裡鋪上木質地板，一打開大門，孩子會想直接撲向書海；天花板垂下一盞古典水晶吊燈，中間擺上樸實堅固的大木桌，配上幾把琴弓式造型的木頭座椅；而書房的各個角落，也要準備孩子最愛的動物小木頭椅，讓他們享受精采的閱讀。從落地

窗戶灑下一地陽光的書房，任何人都可以用最舒服的姿態，或坐或趴，甚至躺在地板上，只為仰望書架上眾多作者的智慧結晶。

與先生攜手，讓閱讀書房圓夢

夢想很美，現實卻很殘酷。

自己根本沒有足夠財力因應，只能說服先生相信我，好讓我放手一搏。

幸運的是，這輩子我做了無數蠢事，唯一最正確的事就是嫁給我先生。為什麼嫁給他？我們尚未見面時，第一次先用電話認識聊天，滔滔不絕的談起我的教學工作，他不但不嫌無趣還十分讚嘆也無限崇拜，後來帶他去吳英長老師家，老師對人的感應超強，他的人格特質讓人放心，我內心更加有底。

婚後一路走到想擁有自己的夢想基地，二話不說，先生不僅向銀行貸款買下房子，也讓我大肆裝修改造破落的舊宅。

我是一個缺乏現實感的人，常常向天借膽，自以為是，一心想著最美好的結果，卻刻意忽視眼前的窘境。

當時，買下房子我們已經捉襟見肘，裝修工程的龐大費用更是驚人，光是水電管線翻新費用就要一百萬，還有花園的防水設施要重做，否則植物種不好，我夢想中的畫面可是「落英繽紛」啊！

另外，打造一座有質感的閱讀城堡是我的初衷，既然如此，設計師建議使用進口壁紙、實木材質地板、純白落地窗框、鍛造鐵材大門……，看似無止境的工程，先生的荷包幾乎已不堪負荷。

更可怕的是，為了達到最佳教學效果，我堅持咬牙購買奧地利進口的「實物投影機」，要價十一萬多，當時有五間教室要使用，付給廠商費用時，心裡像被劃一刀那樣痛，卻不願意妥協。當然，有了實物投影機，還得在天花板掛上單槍，才能將美麗的繪本圖像，和小說精采的文字片段，真實又清晰的投影在布幕上，為此，只好繼續添購相關設備。

雖然先生全力支持打造「讀你我」，但現實狀況是，我每天一張眼看見的是美好的未來，他面對的卻是廠商來收費；我時刻幻想書城中飄出迷人書香，他得四處張羅下一筆錢去哪裡找；我抓緊空檔設計課程，他得顧上自家診所又兼家庭主夫帶小孩。

那陣子，我和先生為此感到身心俱疲，夜深人靜，愧疚和歉意不時爬上我的心頭，偶爾還會站在他的立場幫他發問，到底娶怎樣的老婆比較幸福呢？如果不是我，他的婚姻會是什麼樣貌？周遭醫生娘幾乎都是自家診所的助力，只有我反其道而行，不僅擁有自己的志業，現在還拖他下水幫我圓夢。

還好，決定共同攜手人生，我們的共識就是兩種生命力的相互流動與支持。婚姻路上，一方的熱情與自信若引發生活變動，彼此就先確認是否有共識，若答案是肯定，接下來就是共同承擔，全力迎接新能量。走到這一步，歉疚歸歉疚，我一點都不想收手遷就現實，因為直覺告訴我，這件事一定能成。只是，未來未到，我無法把未來的成功果實，預先捧在眾人面前。

我不一定會成功，但相信努力能如願

很多人常常會羨慕我勇於築夢，卻又質疑：「溫老師，你有沒有想過，萬一結果不是如你所願呢？」

答案是，沒有！

不過，我的意思是說，我不一定會成功，但我會在失敗中慢慢修正目標，使其趨向我心中的那條終點線。

例如，「讀你我」要多久才能損益兩平？沒經驗的我，可能會天真以為兩年就可以，但是，如果已經開始獲利，而且逐步成長，兩年之內卻沒能達成損益兩平，我是否就否定眼前的成果與努力呢？

當然不必，畢竟每種產業打底的時間不一樣，即使是同樣的行業，個人理想與目標不同，也會有所差異。

當我發現自己真的就是「想什麼就做什麼，而且常常能如我所願」的人，著實也嚇了一大跳，心裡也納悶，這樣的「自信」從何而來？

記得剛上小學的第一個學期，三次考試都徘徊在紅字邊緣，偏偏跟我同年級的堂弟在他們班上總是前三名，這可大大刺激了我，因為我是這群小孩的大姊頭、孩子王。不信邪的我，暗暗立誓要扭轉現實。於是，明查暗訪，終於發現幾個讀書與考試重點。跟著依樣畫葫蘆，再慢慢調整成自己的模式，不出所料，鄉下小地方根本沒有幾個孩子把心思放在課業，當我琢磨出對策定心實踐，小一下學期便快速晉升到前三名，其中第一名的那一次，我還被老師指定為模範生。

嘗到甜頭之後，小學六年期間不是第一就是第二名，我下意識得到總結，只要真心想成功，你就能做到。

我曾在心理學書籍看過這樣一段話：每個人生命中第一個記憶或印象最深刻的記憶，往往就是一個人的生命隱喻，而事件中最關鍵的其實是情緒、情感，以及所引發的心念或心態。

是否在這樣的心態中，我早已自帶一股正向思考與正能量，對未知無所畏懼？

這麼堅持不惜成本，就是要朝著心中的夢想前進，還有另一種「人生隱喻」。從小家裡雖窮，在物質上無法滿足，但是對於妝點美好的事物，把自己打扮得漂漂亮亮，我一直很堅定執著。印象中，小學時過年最好的福利，就是有一套新制服可穿，其實，也不過就是黃卡其上衣和黑棉褲，但是，我發現只要穿戴整齊，整個人感覺就不一樣，看起來特別有精神。

我和先生新婚時購置的第一棟房子，儘管也是高額貸款，當時年利率超過百分之十以上，我寧願借錢裝修也不願意將就隨便，甚至大費周章在一樓室內設置了一間陽光房，想讓自己感覺住在花園裡。我總深信人就要像生猛的魚兒，天天游在澄澈無汙染的水中，而房子就是提供正能量的「水」啊！

以讀寫課程款待孩子，以書香環境寵愛孩子

留職停薪兩年後，回附小繼續教書，我正式放下「讀你我閱讀寫作工作坊」的教學工作，交棒給一起努力的優秀老師們。我很自豪能提供這麼舒適的工作環境給他們，這是辛勤奉獻的他們應得的。

這群優秀的老師們，也在這樣的環境中爆發才華，雖然每週只能利用一個晚上跟他們一起備課、討論課程，但組織的力量早已超越我個人的智慧，更多的時候是我汲取他

們的智慧精華，然後轉化成體制內的前衛教學，成就了現在新課綱強調的「以素養為導向」的課程。

另外，花費巨資裝修空間也起了強大的宣傳效力，不需多說，每個孩子和家長一進門，悠揚的樂音緩緩飄送，繽紛如花朵綻放的書本爭相露臉，任誰都會產生想要撲向書海的衝動。

讀你我閱讀寫作工作坊不僅用創意優質讀寫課程款待孩子，更是用心打造書香環境寵愛孩子，十七年間，如日月星辰守護，陪伴著一代又一代的孩子學習。

對教學與學習環境的要求，當然也會細膩的體現在我學校的教室，特別是擔任低年級老師期間。

每一次暑假結束、即將開學那段日子，我總是積極熱中改造教室空間，自掏腰包請油漆工重新粉刷，再請清潔工爬上爬下徹底清潔，接著把地板打蠟……

記得有一年，我還瘋狂到把家裡一臺價值幾萬元的吸塵器，乾脆就放在教室，因為孩子們在地板鋪睡袋午休，絕對要確保乾淨清爽，感覺自己像極了無法忍受地板有一絲灰塵的「龜毛」媽媽。

環境整理好後，再布置出類似「讀你我」感覺的書香角落，擺上學校配發或我從家裡帶來的繪本、圖書，猶如祕境的小角落，就能讓孩子的想像力在此滋養與展現。

第三章

對自己許願——豐沛的衝勁、豐盛的果

「啊！我的人生棒極了！」

這是我期待人生走到終點時所說的一句話。

從開始教書到退休，雖一路風雨波折，

卻滿心喜悅的披荊斬棘，

體驗著成長的試煉與美好。

現在，我依然秉持著積極心態，

為往後三十年人生描繪與實踐願景。

1 五年級寫萬言小說，全班都做到

「南大附小的學生被公認為『優秀』，那麼如何成為『卓越』？」一個教授在演講中向校內老師們提問。

當下的我受到很大震驚，優秀已經很不容易，卻不是終點。

教授的演講結束，他的提問成了我揮之不去的課題。

當老師的我們，是否也應該問問自己，教學已經這麼熟練，如何幫助學生，突破自己，從優秀到卓越？

身為老師，又該如何突破自己、從優秀到卓越？

挑戰前所未有的任務

二〇〇六年，我經歷了吳英長老師離世的不捨與感念，以及留職停薪、暫時逃離體制教育的思辨與觸發，我特別有深刻的使命感，同時充滿時間緊迫的焦慮，於是刻意挑戰，擔任高年級導師的任務。

當初在彰化任教師時教過高年級，我也曾嘗試想要讓學生蛻變，只可惜自己沒有足夠的實力。而今，擺脫十四年前初任教師的無助，加上開創「讀你我閱讀寫作工作坊」，經過這些年的歷練，帶給我滿滿的語文教學創意，我很有信心和南大附小學生一同創造不凡的成就。

我想讓新的班級挑戰寫小說，這是一件很新奇而不易達成的任務，正因為難度很高，自然會充滿挑戰與挫折，一旦師生聯手順利跨越難關，便能成就彼此的卓越。

「我們五年級，全班來寫超過一萬字的小說吧！」這是我當時跟第一次學生見面說的第一句話。

「哈哈哈，溫老師你知道自己在說什麼嗎？」一個最調皮卻很聰明的小男生，故意大聲刺激我。

「沒關係，今天第一天開學，大家寫不了小說，那就先來聽溫老師說故事吧！」我微笑著說。

「耶！聽故事，我們很會啦！對吧？」兩個籃球隊男生互相唱和。

就像聊天一樣的開場，沒有慷慨激昂的戰歌，因為連我自己都不相信可以做到。不過，我先天有個優點，愈不相信的事就愈想去證明。面對殘酷事實，我不想馬上認輸，我明白邁向卓越之路，只能誠實面對眼前的現實，而這一切都得由我主導，不然學生是不太可能主動想寫小說的。

管理學大師詹姆·柯林斯（Jim Collins）在《從A到A$^+$》提到他的研究，如果把企業蛻變的過程，看成先累積實力而後突飛猛進的過程，可以劃分為三個階段：有紀律的員工、有紀律的思考、有紀律的行動。

我若期待學生能夠在暑假寫小說，那麼養成讀寫的紀律，就是我首要的堅持。

五年級第一學期，從建置班級圖書開始，我先擬定了閱讀的方向。我把帶班的兩年拆分成四個區段，五上每個孩子都要讀完《紐伯瑞兒童成長文學精選》，當時出版社推出套書，一共三十二本，我發了狠，每一本都做出一張策略學習單，全班輪流閱讀書寫。

為什麼是從《紐伯瑞兒童成長文學精選》開始？

一來，這是一套得獎的兒童文學作品，內容題材與寫作水準無庸置疑，就像給成長中的孩子一座燈塔；二來，這一套書集結多國的風土民情，類型豐富多元又有深度，快速為孩子打開一扇通往世界的大門；最後，書中選材與手法，是最佳的寫作範本，讓孩子有了學習仿效的對象，好作品順理成章成為孩子的寫作老師。

不過，當我陶醉在這巨大又美好的讀寫工程時，學生開始反彈，因為，過去從沒有哪個老師這麼瘋狂、計畫這麼誇張，也有家長反映，學生負擔真的很重。這對我而言當然是一個打擊，不過，我的修養已經變好，自己也當了家長，完全可以體諒，加上剛開始親師生尚未熟稔，一下就實施這麼大願景的新作風難免引起滔天巨浪。

於是我做了微調，有各種不同的學習單，有些學習單強調圖像，不必寫太多文字，讓孩子自己選擇學習單類型，學生覺得奪回自主權，更像是自己想完成的任務。家長看老師這麼認真，也就慢慢放手。

我暗暗覺得有趣，這就好像「朝三暮四」的手法。後來這也是我喜歡施行的「詭計」，派功課前先講一大堆，學生哀求之後，我再大發慈悲減少一些。其實，剩下的作業，就是本來要派的功課，但孩子心理上卻會覺得賺到了。

讓每個孩子筆下都有故事

就這樣快一個學期過去，這套書的威力開始展現。有時上課鐘聲響，我還來不及站上講臺，進教室坐下後的孩子們，都會忍不住偷空看手邊輪到的小說，等到我要上課，還得命令他們先收起小說。

除此之外，國語考試造句或寫日記、作文，書中提供的素材與情節，或是人物的遭遇，往往成了信手拈來的題材。也因為是輪流閱讀，就會有人炫耀他看過哪一本，其中的情節多恐怖多吸引人……

我常順勢舉辦簡單的「小說分享圈」，一方面吊他人胃口，引發高度興趣，同時也讓學生學習用文學寫作要素來交流討論，比如，人物刻劃、劇情張力、故事基調、主題選取、寫作技巧……，這樣的說書更言之有據，整個班級飄散著濃濃的文學味，我看著心頭都熱啊！

到了學期結束的前一週，學校所有正式課程告一段落，我便請全班利用那幾天正式開工寫小說。

第一步就是為小說命名，以及寫出章節綱要。老實說我自己也沒寫過小說，實在很難感受學生的困境，加上班級人數眾多，每個人能力與興趣差距甚大，我已經有心理準備，這挑戰絕對是無比艱難。

果不其然，有人一整天寫不出幾個字，有人卻是洋洋灑灑，「刷刷刷」的就是幾百個字。眼見其中落差已經出現，我開始快速搜尋解方，就在這時，看見一個非常懼怕寫作的學生，壓根兒就沒把我規定的寫作放在眼裡，大剌剌的拿著哆啦A夢漫畫書，看到好笑處還忍不住笑出聲，搞得隔壁女同學氣急敗壞的告狀。

「何不將計就計，這麼愛看漫畫書，乾脆就把漫畫寫成小說啊！」我被小女生提醒後竟沒有怒氣，靈機一動想到新招數。

「老師要求全班都寫小說，你們覺得怎麼樣？可以嗎？」我把幾個寫作能力較弱的學生請來，私下跟他們溝通。

「我寫不出來！」剛剛被告狀的男生老實回答。

「如果暑假你們不寫，全班都有寫，你們會覺得怎樣嗎？」我大膽試探，最怕他們說這樣最好。

「嗯……嗯……嗯……不知道！」沒有人馬上拍手叫好，決定不要寫。

「溫老師知道寫小說很難，我自己也沒寫過，只是很想挑戰，如果成功，這會是一件很美好的事啊！」我努力承認這是好事，卻也是件很困難的大事。

「你們沒有馬上決定不寫，表示你們也想挑戰，只是可能比其他同學困難一點，對嗎？」我極力想拉他們進到我的計畫之中，一個都不能少！

「我有一點想參加，可是很怕寫不好。」另一個極老實的學生終於出聲。

「太好了！如果還是想跟著大家在暑假寫小說，老師有個祕密武器可以幫忙喔！」我故作神祕。

「老師，是什麼祕密武器？」學生眼睛發亮。

「小宇，我剛剛看到你看哆啦A夢看得這麼著迷，乾脆把它寫成小說啊！」我興奮的提議。

「真的嗎？可以用漫畫寫小說？」學生不敢相信。

「你們不必為小說情節想破頭，只要把原來的漫畫情節轉化成文字，再加上一些自己想的內容，就可以完成第一部小說了。」

有了這個補充方案，等於把全班都給收編，一個都沒有少，我心中的大石頭終於放下，學生也如釋重負，不會被摒除在外。雖然暑假有兩個月，但我的目標是八月初全校返校日就收到完成的作品。很幸運的，果真有一半的學生帶來作品，尚未完工的，也在開學當天全數交齊。當下全班歡呼，我幾乎流淚，師生感到無比驕傲，我們竟真能成就「我們五年級，全班寫小說」這項不可能的任務。

師生一同邁向卓越，體驗英雄之旅

柯林斯在研究企業如何由優秀到卓越（good to great）所隱藏的奧祕時，其中一項就是專注於一個非常簡單的目標，並集中所有資源全力發展。

沒錯，要求「全班寫小說」必然耗費心力而且持續產生衝突，因為親師生三方都在磨合階段，難免誤解或質疑。然而，試煉過程為個人和班級帶來的正能量，絕對能削減那些負能量，甚至很快的贏來更多家長的認同與掌聲。

領導人應該「造鐘」而非「報時」，班級導師也是啊！一個班級如果沒有願景與目標，不願帶領學生挑戰，持續滯留在平庸狀態，班級組織能量將不斷耗損，終至平庸無奇，同理，老師自己不也是這樣嗎？

「溫老師，當你被打擊的時候，心裡怎麼能過得去啊？」分享這段全班寫小說的歷程時，總有人這樣問我。

「看似安排好的學習路徑，往往都是暴雨過後的寧靜。」我誠實的招認。

「你有想過放棄嗎？又沒人規定要寫小說！」老師們不死心的追問著。

「從來沒有！」我斬釘截鐵的回覆。

不想放棄，除了想給自己挑戰，更重要的是，我如何偷渡不同的教學信念進入體制；或許卓越是我的藉口，其實我想做的是透透氣。

因為要寫小說，我讓學生不斷讀小說、看電影；因為要寫小說，我常常跳開教科書，直接用課外讀物當作教材；因為要寫小說，學生自然而然踏入文學世界，汲取更深刻的人生體悟。

我一直不是「模範老師」。從開始教書到退休，雖然我很想努力，但真的沒有辦法堅持一整週按照課表上課。我的隨興與即興，只有課外讀物可以讓我為所欲為，讓我在體制內仍能發揮創意。

從我第一年教書，就發現只要我講故事，或是分享小說時，學生的眼神是煥發與晶亮的，意味著深刻的文學作品，絕非課本的文章可以取代。

帶著學生前往未知的文學世界探索，也許就能成為優秀的老師和學生，然而，不滿足於此的我，硬是領著學生挑戰全班寫小說。若非敢於突破、堅持到底，怎能發現優秀與卓越之間的差別呢？

確認自己要成為老師之後，接下來就要思考，這條漫長的道路，我想成為什麼樣的老師？過程中一定會發現，成為一位優秀的教學者並沒有那麼難，只要努力認真學習教學技巧，按部就班完成本分事項。然而，邁向卓越需要的是破框的勇氣，以及實踐的意志與智慧。

為什麼不滿足於優秀？答案很簡單。卓越之路充滿意外的驚喜，也能累積成功的經驗。就像我讓學生寫小說，他們感到困頓的同時，也學習到突破與化解的能力。跟所有小說中的主角一樣，這是一趟英雄旅程的體驗，做為老師，我很驕傲也很幸運，師生有機會共同從優秀邁向卓越。

2 指導實習老師，看見自己另一面

教學生涯中，有一件事我開先河，我想應該也沒有後來者了。

大五實習老師王智琪，在我的教室半年實習結束，當所有人以為能在溫老師門下實習，勢必能更接近「教甄成功之路」的同時，她竟然跌破眾人眼鏡成了「落跑」考生，連教師證都沒去考。

發現她真的聽了我的職涯分析，放棄穩定的教職之路，彼時心想：「我真是自作孽不可活，那她未來怎麼辦？」

我只好硬著頭皮，邀請她擔任教室助理老師。每個月我付她薪水，但她不用上臺教學，只需記錄我的課堂教學，並協助處理班級事務。

師徒相遇，意外的試煉與省思

智琪在我退休前四年陪著我，她不僅是我的左右手，兩人還共同出版了教學書，退休後我成立腦力集教學公司，智琪成為大家倚重的夥伴，如果沒有她的記錄與梳理，我的教學內容很難集結出版，我也看不見自己霸道與跋扈的暗黑面。

那四年是我從未想像過的教學生涯，沒有哪個指導老師會把實習生教到不想當老師，至少，我過去這麼多年指導經驗，完全沒想過會有這種選項。當然，這是兩人在教室千迴百轉的磨合，無數她哭，我生氣、矛盾、不捨……，種種糾結的最後結果。我常開玩笑：「因為你，我才發現自己有夠霸道！有夠不近人情！有夠雞婆！有夠好心！」

為什麼一個實習指導老師，搞到最後竟讓準老師放棄投考教職，那半年到底發生了什麼事？原本每個實習生都被預期成為正式老師，但是否真的每個實習生都必須走上正式老師之路，還是應該讓他們在這段時間好好思考自己是否適合當老師呢？究竟做為實習指導老師的我們，應該扮演什麼角色？

當初師徒兩人被學校「送作堆」，沒有一見鍾情，反而彼此衝突不斷，相愛相殺的刀光劍影。回想這一段極其弔詭又諷刺的相遇，想必是老天爺對我和她的人生試煉。

智琪過度害羞、沒有自信，我則是過度自信、自以為是；她行事膽怯、裹足不前，活脫脫是個慢郎中，而我天生急驚風，說風就是雨，大刀闊斧，做了再說；她不擅口語表達，而我滔滔不絕；她不知未來該往何處前進，而我的人生似乎從未迷失，總是如此清晰篤定……

這個茫然不知所措的大五實習生，與我人格特質南轅北轍，在我人生忙亂不堪的時刻來到我身旁。我被迫修正教學計畫，停下來與其對話，耐著性子解釋一遍又一遍的「十萬個為什麼」，我不得不重新調整步伐與節奏，但這樣的教學絕對不是我當下想做的事情。

然而，許是老天爺給我的功課，退休前幾年，正是我的教學技巧達到巔峰時期，生命力的開展，本就帶著攻擊性，這也讓我終於明白，帶著專業熱情的老師，對高成就學生而言，師生就是一場璀璨的相遇；相反的，缺乏有意識的同理心與共情，學習弱勢的學生可能會遭殃，因為他們承受不住彷彿核爆級的教學能量。

同理，一個志得意滿的實習指導老師，就像擁有一顆能量球，如果這個能量球，正好傳遞給一個同樣自信滿滿的實習生，那麼這顆球會變成熱情、創造力等生命力，這個生命力，就是正能量。

相反的，如果接不住這顆能量球，這有兩種可能：一種是不敢接，另一種則是沒有能力接住。不管是哪一種，能量球終究已經拋出，若沒有回傳，實習生也沒被照亮，很顯然的，這顆球已經轉為負能量，向內攻擊她自己。

從指導教甄到開導人生

那年八月，收到智琪發來的第一封信。我簡潔回了歡迎之詞，並當真順應她想協助教室搬遷的意願。沒想到迷糊的她竟記錯時間，放了我鴿子。後來請她一起整理新教室，她因前次失誤，勉為其難答應。然而，當時是暑假，是行政處室實習的期間，根本無法到場幫忙，而她卻受困於個性中的「不敢 say no」，第二次失信於我。

後續從電話中接觸，她因陌生且恐慌，顯得唯唯諾諾、氣若游絲，應答總是慢半拍。約在校園見面，她的舉足無措，讓人覺得像是面對一隻受傷的小鹿。

交談時，她的頭不敢直挺，眼神不敢與我交會，搞得當下氣氛相當凝重，一向自認個性隨和的我，頓時也不曉得該如何才能消除當下的緊張不安。

會面之後，確定先前推估果然不假，而且情況看來更為嚴重，內心不免嘀咕：「這個孩子怎麼就是不對勁，兩人要如何在教室共處一學期？而且我還要指導她上臺教學，天哪！不會吧？」

智琪是個害羞內向卻認真篤實的孩子，然而站上臺需要的是活潑大方，至少「敢」正視學生，「敢」在學生無理取鬧的時候，發出強烈的不滿，而不是在臺上慌亂無助的掉眼淚。好幾次，智琪被學生直接頂嘴、硬槓，看著她在一旁生氣啜泣，不知道為什麼，我竟對她感到不耐煩。

當過老師的人都知道，光憑好學與執著是不足以勝任教師職務的。但是，這樣的特質是與生俱來，是天賦的禮物，尤其她的善良對比我在教室有時的算計，有時的鐵石心腸，放在人與人正常的社交時，更是難得且珍貴的特質。所以，內向沒有錯，錯的是「老天爺！你真不該把她擺在教室啊！」我不時在心裡大喊。

可是，我能在她尚未有任何作為之前，就向她說出我的OS嗎？雖然有時我行事魯莽，但也不會在一開學就做出這種蠢事，於是，我克制衝動，並且努力示範教學，期待她能慢慢開竅，或者有奇蹟出現。

一場仗打下來，沒有不受傷的道理，但是卻能因此累積一些經驗，或者，贏得一些戰利品，表面上，我當然要鼓勵智琪，但這一次正式上臺教學之後，我更確認智琪的情況非比尋常，心情是沮喪萬分的，我竟眼睜睜看著這死心眼的孩子，一直往自己最不擅長的領域裡拚命的鑽，讓挫折成了家常便飯，還因從小受的教育信念，不敢懷疑自己走錯方向，只能不斷鞭笞、責怪自己不夠聰明和努力，最終只得把僅剩的一點自尊、自信全葬送在教室裡。

是啊！我很明白其實智琪當前需要解決的，不是「教甄」，是「人生」；不是「教學」，是「自信」。可是，她能懂嗎？我該用什麼方式讓她能明白人生，能更有自信呢？或者，她一定要當老師嗎？

我得承認，當了這麼多年的指導老師，這是第一次我完全迷失，也是有史以來最無力與自責的時刻，我不知道怎麼幫助這樣的實習生順利站上講臺，我無法對自己說謊：「她可以成為好老師。」只想對她說：「先讓自己有自信吧！」

美國社會心理學家班杜拉（Albert Bandura）提出「自我效能」概念，也就是「個人對自己具有充分能力可以完成某事的信念」。

不得不說，臺灣的孩子真的很辛苦，尤其看見這麼多「智琪們」認定自己應該追求「穩定有保障」的教職之路，但又如此懼怕站上講臺，甚至潛意識裡厭惡自己活在家人的決定中。

當我們多次聊起她的職涯選擇，我也一次次逼出她的不安與真實。人生不能做自己，從此變得被動、消極，往往是在童年時期就圍繞著家人的意志。

我不是心理諮商專家，手段難免粗糙，過程也經常形成說教場面；但，她的年齡與我家老大相仿，我用媽媽的角色問她：「你的想法，真的是你的嗎？」

「人生苦短，不要浪費時間活在別人的陰影裡；不要被教條困住，活在別人思考的結果裡。不要讓他人意見的雜音壓過自己的心聲。最重要的，有勇氣追隨自己的內心與直覺，才會知道自己想成為什麼樣的人。」

最終，賈伯斯在史丹佛大學的演講喚醒了智琪，也為自己做了最後的決定：放棄教甄。與此同時，她也找到自己最喜歡，最能發揮的領域：教學設計、教學記錄與轉化，比如寫作、影音剪輯……。

剛遇到智琪時我煩躁不已，一個性格與我截然不同的人，我該怎麼與其相處？幸好，師徒在教室裡艱難的相處，正好反映個人強烈的自我，而且愈是年長愈明顯。然而，因為彼此對教學都有熱情，幾年的磨合中默契亦漸生，許多我做不來的瑣碎工作，她總是耐著性子慢慢完成，各類教學書籍與教具的出版，便是彼此互助互補的豐碩成果。

每一段人生旅程都是考驗，也都能從中學習。與智琪的相遇，我學會如何與自己性格迴異的人共事，這是我最大的突破。而智琪呢？我無法替她回答，但我相信一起工作多年，不管是工作能力還是性格上，她的自我效能絕對與過往大大不同，最重要的是，更清楚自己想成為一個什麼樣的人。

3 從教學跨足主持，志在自我成長

「這是我第一次主持，我很緊張，我看市長您常常上電視，好像一點都不害怕，這是怎麼辦到的？」導播正在調整最後的細節，我逮到正式訪問前的一分鐘，請教坐在我面前的賴清德市長。

「我也會緊張啊！只是不斷練習，最後習慣了。」賴市長微笑著說出心裡話。

迎向考驗，接下主持棒

很奇怪，當我聽到這句「我也會緊張！」，彷彿吃下一顆定心丸。原來，名人在鏡頭前看似從容不迫，其實內心也跟我這小人物一樣，忐忑不安啊！

「非讀BOOK臺南愛讀冊」電視節目，是臺南市政府文化局圖書館負責的業務，由雙子星有線電視和臺窩灣樂讀協會共同製播。人的一生中最少會有一、兩次以上「很特別的機會」，能夠大大的改變人生。至於能不能改變人生，關鍵就在當機會來到你眼前，你是否敢抓住它？

當時臺南市圖書館葉建良館長詢問我願不願意接下主持任務時，我著實驚喜，然而也同時開始害怕不安。

小時候的陰影再度浮現：「美玉，你的聲音不行，你去比作文就好！」小學老師不經意的一句話，卻如鬼魅般一路隨行數十年，常在演講或上臺時在耳畔響起。

為了讓自己更自信，我還特找了王永慶先生的影片來看，為什麼呢？我就是想告訴自己：「美玉，你看王先生講話講成那樣，為什麼大家還是爭相聽他的教誨？」

明白了主持不是主播，讀書節目的主持功力來自內涵，以及對作者和書的鑽研，我的一顆心才慢慢安放，欣然接受一生難得的機會。

邱吉爾說：「成功的力量，來自從一個失敗到另一個失敗，卻不喪失熱情。」

面對鏡頭主持節目，迥異於過往現場演講的經驗。記得第一集節目開播，訪問的嘉賓自然是大家長賴清德市長。賴市長的兩個孩子都是南大附小的學生，算是我們學校的家長。我正好也在低年級的班級交換教學中，教了他們家老二班上兩年的音樂課，加上同在臺南居住，彼此也有共同熟識的朋友。這幾個因素大大降低了我的壓力，同時也感覺親近不少。

即使如此，光是開場面對鏡頭自說自話，我也刻意練了好久。不管是洗碗、擦地板、洗澡、開車……，只要逮到機會，嘴裡就是唸唸有詞，唸到做夢都能倒背如流。

臺詞背熟了，如何克服眼神和表情僵硬的問題呢？

沒有接下這工作以前，我自以為演講上百場，主持哪有什麼難？沒想到，跟人講話是一回事，對著攝影機又是另一種挑戰。

當時還不流行「網紅」，鮮少有機會看自己在螢幕前的樣子，所以正式錄影前，我對著電腦鏡頭一遍又一遍的錄、一遍又一遍的重來。還好自己非常喜歡演戲，面對鏡頭只是不習慣但並不排斥，我欣賞著自己的失敗，比較著每一次失敗中細微的變化，告訴自己：「真好！每一次考驗，就能有所成長，即使如此微小，那還是叫『進步』！」

面對挑戰，我做一個學生

面對全新的挑戰，為了不搞砸，除了「從零開始」，再來就是「邊做邊學」。「從零學起」是入門的基礎。我列了幾個項目考核自己，很像出門旅行的表單，例如：事前閱讀大量的作家書籍，或是相關資料、影片，甚至，提出的問題是否包含封閉、開放、中心與假設題，這樣的項目都要明確列出。當然，錄影時的衣著、化妝等，能否兼具優雅與時尚，我也不馬虎。

我要求自己，在每一次錄影前與後，有做到了就打勾，沒做到就要改進。這件事看似很笨，卻能保住基本面，讓自己的工作成績有一定水準。

除了基本態度的要求，「邊做邊學」則是現場專注與反思成長的結果。這已經不是書本上可以學的，而是要靠「不恥下問」與「他山之石」的思維促成。

有一次訪問顧寶明先生，我心想，天哪！這可是我們小時候看電視的大明星啊！電視上搞笑詼諧的他，私下會是什麼樣子呢？

那一集的訪問主題是「戲精顧寶明挑戰變裝尺度，『超級奶爸』透視家庭新關係」，我的任務是把這齣舞臺劇向學校師生及臺南市民推廣，讓他們走進文化中心欣賞。

還沒有正式訪問前，我心裡開始慌張，也開始否定自己：

「你不過就是一個國小老師，是有什麼能力訪問這種大咖呢？

「顧寶明先生會很難搞嗎？會看不起我們這種地方電視臺的不知名主持人嗎？

「會不會我只是幸運，根本不夠格做這件事，這次要是搞砸，我會不會被恥笑？」

一連串的疑問與恐懼，在我一邊努力做功課、大量搜尋相關資料的過程中，輪番搖撼我的自尊與信念，即使這是第一百三十六集，已經是主持的第三個年頭。

當我發現自己「一腳踩油門，一腳踩剎車」，很期待能突破自我疆域，卻又沒足夠自信面對未知，我知道「自我貶抑」又開始作祟。

開場前，我不知道哪來的勇氣，打著順稿對流程的藉口，一股腦兒，就把糾結多日的困擾，向顧寶明先牛坦承：「在教學上我感覺自己如魚得水，可是，要訪問您，我的自信卻跌落一地。」

一說完，我馬上後悔，因為他根本不像電視上那個看起來親切的「歐吉桑」，反而更像是拒人千里的智慧大師。

正當我在心裡大罵自己自曝其短，心想：「他一定想說這菜鳥可真白目，不會主持還敢來訪問？」

沒想到，沉思許久後，顧先生臉上沒有任何表情，平靜且真誠的看著我說：「你說你是老師，如果學生告訴你，上你的課覺得沒自信，你會為難他、嘲笑他嗎？」

短短的比喻，讓我頓時醒悟：「沒錯！對於不熟悉的領域，緊張是因為很當一回事、很想學習，我為什麼要覺得抬不起頭來？」

就像大師傅給小徒弟的點化，我沒敢再追問，工作人員也提醒：「顧老師，換你化妝了！」這個時間點正好讓我安靜思考並整理思緒，無論如何，我都得自信登場。

那場訪談還有劇中年輕的女主角一同受訪，顧寶明先生亦是她眼中的大咖戲精，在排戲期間就像是她的老師，讓她從中受益不少。奇妙的是，轉換成向老師學習，一切突然就不一樣了，尤其是我，變成求知若渴的學生之後，眼前的偶像也就成了親切耐心的老師，大大滿足了我對劇場表演的好奇。

當機會來臨時，全力以赴

若問，主持工作為我的人生帶來什麼啟發與成長？我會說，當機會來臨時，先答應再使命必達。

即使前方可能翻車，可能證明自己很差勁，當機會來臨，千萬不要說不，理由很簡單，這不是你一個人能打造出來的機會。

「非讀BOOK臺南愛讀冊」其實只是一個地方性頻道，而且還是最冷門的讀書節目，我常開玩笑說，最忠實的觀眾大概就是我的婆婆，因為照三餐播出，她天天都按時收看，而且逢人就推薦。然而，即使收視率很低，因為是電視節目，還是有基本的操作流程，其中有許多一般人未能輕易接觸的環節。光是幕後花費的人力、物力與金錢，就讓人開眼界了，這個節目年年由臺南市政府提出預算，市議會再輪番審查，通過之後，還需要官方、電視臺、民間多組專業團隊合作，可說天時、地利、人和缺一項，這件事就不可能成真。

除了豐沛的學習資源吸引我之外，接下主持工作，更多的想法是想跳脫舒適圈。

曾經讀過一本心理學書籍，大意是說：想要克服對批評的恐懼，就讓自己暴露在容易獲得負反饋的環境裡。

當時我在教學領域已經算是資深老師，也常有機會受邀演講，若非刻意讓自己處於不熟悉的領域，我可能自滿自得，進而忽略學海無涯。我可不希望自己的人生，漸漸失去對外的連結。

被譽為「臺灣六年級世代最會說故事」的作家許榮哲曾在演講中提及，他原本對桌遊很陌生，但受臺灣文學館邀請開桌遊文學營，當下他一口就答應。為了達成使命，他一頭栽入桌遊領域，還成了桌遊達人。榮哲老師說：「世界上沒有真正的難事，你可以『先說會』，然後再『真的會』。」

記得師專曾斷斷續續學習鋼琴兩年，時間與專注度投入不足，我和目標並沒有建立強而有力的關係，造成的遺憾，就是上音樂課無法自信彈琴。

相反的，參加游泳隊五年，因為要參加大大小小比賽，教練非常嚴格，得天天受訓。到後來，即使離開泳池超過三十年，我還能在南大附小跟游泳隊學生比賽。

我本來不會主持，但我「想」學會主持，所以開始觀摩、討教、實地演練。過程中感受過快樂，感受過痛苦，最終為何能夠持續長達八年進而愛上主持？

在教室對學生上課，或者對老師、家長們演講，我得不斷「給予」，但主持節目卻讓我成了學生，我可以盡情的發問，努力的吸收，

於是，我發現不管任何困難的事情，只要同時投入「專注」與「持續」，就能產生不可思議的能量，獲得豐碩的成果。

如果當初自己太過謙虛或心虛，我就無緣與眾多優秀作家結緣，也失去體驗和學習的機會。如果當初只是一時虛榮，只想炫耀而未曾真正投入，即使是大好機會，也是不值得一談的人生插曲。

我特別感謝所有接受過我專訪的來賓，相信每一場訪談，都是他們人生智慧的結晶，而我何其幸運，有此福分親身領受，並把其注入潛意識，在面臨失意挫折之際，成為跨越障礙的強烈動能。

不要輕言放棄每一場邀約，不要妄自菲薄，認為自己能力不足，只要保持好奇與想學習的心態，就能成就不一樣的人生。

4 溫老師備課 Party，教學之愛化作共享資源

「那一年，我讓學生進行〈過故人莊〉課文的故事改寫。寫出穿越時空的橋段……。當時，溫美玉老師在『溫老師備課 Party』社團裡對我的叮嚀，讓我信心大增，持續學習，找到最適合學生的方法……」

二〇二一年，優派公司（ViewSonic）舉辦「myViewBoard 數位教學平台」全球教育家大會，我和雲林鎮南國小劉文尚老師再度相遇，隔天他在臉書寫了一篇文章，回憶我在社群拜託他，請他分享創意教學的事。

不只劉老師，這麼多年來，無數受家長及學生敬重愛戴的老師們，都在「溫老師備課 Party」分享充滿創意的教學案例。臺灣老師的慷慨大方與熱情奉獻，連海外教師都

覺得不可思議。

「備課趴」源自對教育的真愛

在兩岸四地與老師們交流分享，我最常聽到的就是：

「你們臺灣老師太無私啦！把自己的教學祕訣無償分享出去，那他還怎麼跟別人競爭啊？」

「臺灣老師好幸福，隨時都有人可以問，還能得到免費的學習單和教學ＰＰＴ！」

「沒有比賽，也沒有競爭，更沒有獎金，為什麼還會有老師願意寫幾千個字，讓別

facebook 社團：溫老師備課 Party

人學會怎麼教？」

到我寫這篇文章之際，「溫老師備課Party」臉書社團已經有超過十三萬人加入，這是封閉式的教學社群，能夠有這樣的人數，一直以來引起教育圈極大關注。我也非常榮幸，見證臺灣老師的教學韌性與對教育的真愛。

二〇一三年「溫老師備課Party」（暱稱「備課趴」）的成立，是我刻意選擇的人生轉變。有些人想轉變，是因為被迫，不轉個方向只能坐以待斃。而我想轉變，只因為單單在教室上課，已經無法滿足我個人生命的追求。

轉變看似簡單，然而，真的容易嗎？

當我們想要朝著某個方向前進時，總會遇到很多阻力。阻力有時來自外界，更多時候則源於自身專業能力不足與內心不夠強大。

一開始想成立「溫老師備課Party」，阻力是什麼呢？首先，我自己沒有夠多的案例供老師學習，專業的學習社群，需要注入豐富的資料。再則，即使我窮盡畢生之力，努力寫下所有教學案例，還是不足以提供各式各樣的需求。

怎麼辦呢？唯有激起教學圈的廣大認同，願意投入寫教學案例，這個社團才能成為老師的寶庫。

接踵而來的阻礙是，自從開始把教學寫成案例，貼到「備課趴」之後，我的工作量大到引起家人抗議。

不僅我先生，還有好多老師都曾問過我：「溫老師，你一天到底睡幾小時？」還有人這樣問：「溫老師，你是都沒在睡覺嗎？怎麼我半夜十二點看你回訊，一大早六點又看你再寫了一篇文？」

不只是寫文的壓力，還有來自老師們的教學或班級經營求助。

好幾次我在洗澡，衣服都脫了，正好收到某個老師的訊息，不小心點開，又怕已讀不回沒禮貌，光著身子就這樣繼續打字回訊。有時，覺得講不清楚，一急就直接開通話。我常開玩笑說，萬一不小心誤開鏡頭，我一世英名就要毀於一旦了！

一次，已經深夜十二點，有老師看了我的教學案例分享，就傳來自己教學觀摩的教案，希望我給他意見。本是該要上床的時間，我擔心隔天若沒時間回信，他就來不及修改教案，最後溝通結束，已經過了凌晨一點。

這種事情不勝枚舉，從「備課趴」開張以來成了我的生活常態，先生很擔心卻對我莫可奈何，我是B型肝炎患者，也被醫生警告多次，若是常常這樣熬夜不睡覺，肝臟一定受不了。

當一名現職老師，要記錄教學，還要寫成案例分享，到底有多難呢？國小老師上班時間很長，必須早早出門，因為早自習時，學生不能沒有人顧著；中午教室若有學生，或是擔任行政事務，常常連安靜吃中餐都是奢望；放學之後，作業批改、隔天備課、班務處理……，晚上還有自己家庭與孩子要兼顧，當天的教學要能寫成案例，只能壓縮睡眠時間，所以，我鮮少在十二點前上床睡覺。

正因為自己走過這樣的歷程，每每有老師願意分享，我總是一篇一篇、一則一則閱讀，然後滿懷感恩的留下我的收穫與感謝。

很多老師是這樣被我感動的，很多觀看的老師也是被我這樣帶動的。

早期，臉書還處處可見真誠，人與人之間來往的溫暖依然存在，許多初次嘗試發表文章的老師，都是鼓足勇氣，分享自認不成熟的教學，提心吊膽著是否會遭人質疑，或是完全無人理會，沒想到，也不曉得來自哪裡熱情的老師們，常常慷慨留下感恩，或是送上一個個的讚。

事後，可愛的老師們，常常送上類似這樣的訊息：

「『溫老師備課 Party』好溫暖啊！我被激勵了。」

「沒想到不成熟的教學還能幫助到別人，謝謝溫老師成立這麼好的社群。」

雖然一一留言花掉我很多時間，但是，我是真心想學習，也是誠摯的奉上讚賞，實在無法控制自己。

透過社群，我開始結識來自各校優秀的老師們，出去演講，常常也變成「趴友見面會」，大家驚喜相認，原來誰是發文的那一位，誰又是在底下留言的那一位，還有更多是，因為「備課趴」成為學習群組的好夥伴。

漸漸的，很多人發現我的辛苦。最早主動表明協助的家長是 Julia。素昧平生，只因為看見我成立「備課趴」的善意，她不僅出謀獻策，還挑起管理職責。後續又有更多老師投入：郁璇、培芳、佳茵、孟萍、芃琬、瑛娟、藝庭、沛綸、寧嘉……，若非他們義氣相挺、幕後管理，單靠我這個科技小白，根本無法有今天的成果。

「備課趴」消失又重生

在眾多老師們的努力經營之下，社群受到老師喜愛，紛紛加入。就在人數往四萬挺進之際，二〇一五年八月二十四日一早往高鐵路上，我收到一堆訊息：

「溫老師，我做錯什麼了？為什麼我看不見備課趴了？」

「溫老師，是你把我封鎖嗎？我好像被踢出社群了！」

一到高鐵站，打開手機確認，當下青天霹靂：「備課趴竟然消失了！」

臺中的演講是一整天，我強作鎮定，也絕口不提。最後結束前，我向在場的老師們說：「今天，備課趴被滅團了！」

不解、驚恐、譁然、生氣，是我記憶中眾人的臉孔：「臉書怎麼可以這樣啊？」會有這些反應，是因為當時社群裡已經集結了無數的實用教案，一夕間消失，老師們努力的成果灰飛煙滅，心有不甘；而固定在此學習的老師，一時間，也不知該去哪找到替代社群。

然而，臉書本就不是知識儲存的平臺，是我異想天開，把它變成自己與老師們學習的寶庫。

為了轉換氣氛，我還開玩笑：「這樣很好，我終於可以好好睡覺了！」

然而，當下好多老師不願放棄，已經開始籌謀復團。

果然，眾志成城，同樣在二〇一五年八月二十四日晚上，「溫老師備課 Party」再度重生。當時，大家奔相走告，一個晚上就加入了超過三千名的老師與家長。

諷刺的是，一年後的同一天，臉書突然又歸還了「溫老師備課 Party」！其實，到現在我也搞不清楚，為什麼被關閉，又為什麼被還原？

持續修練，生命更加豐富

很多人問我：「與人分享意味著公開自己，若不被肯定，感覺受挫；若備受肯定，又遭惡意攻擊，甚至羞辱。溫老師，你怎麼那麼強大？你是怎麼做到的？」

我的答案是：持續修練。當然，這是社群成立幾年後才有的體悟。

從開始使用臉書，每當面對外界攻擊，我心裡大概有個底線，就是不公開反擊。不反擊不代表我能容忍啊！剛開始是暗暗回擊，在安全的人際網絡裡盡情發洩、謾罵。

記得《君王論》的作者馬基維利曾說，人類會做出偏激的行為，是出於恐懼和憎恨的心理。

無故攻擊他人的酸民，顯然就是偏激的一群。然而，當我也毫不留情的回擊，即使是暗地，我跟他們其實沒兩樣。難怪，常常是當下罵得很爽，夜深人靜，感覺卻更糟。幾次跟先生控訴酸民，內心悲憤異常，甚至還會想哭。

不願公開迎擊，不是我修養好，更不是懦弱，相反的，是因為徹底明白，酸言酸語真的很無聊，也沒有建設性。攻擊就像雙面刃，傷己傷人，甚至波及無辜。

那麼，不想打殺，總是要有人先掛上「止戰牌」啊！該是誰來掛牌呢？

想通之後，我做了兩件事，一直持續到今天。

一、**面對攻擊，先拉起自我邊界：**承認自己依然會在意，也會不舒服，不去否認或故作堅強，這是內在療傷與對話的重要過程。

我曾經私下跟張輝誠老師討教，該如何放下？

就讓負面情緒藉由薩提爾冰山理論，試著與受傷的自己對話與擁抱。即使未臻完美境界，想跟同事一起臭罵對方也好，自我解嘲也罷，至少，已經找到正向調節機制，情緒已經是可控狀態。

二、**網路斷捨離，情緒不風暴：**有段時間，常有人好心傳來我被莫名攻擊的截圖。剛開始我沒有察覺，還會謝謝他們的熱心。後來，我發現自己無法漠視外界評價，又想保有安靜平和的自我空間，我開始提醒身旁的朋友：「不要再告訴我，誰又在直接罵我，誰又用什麼影射方式攻擊我。」

我知道，即使封鎖所有不理性的訊息，外界依然是狂風暴雨，但，自由與幸福，是自己選擇的結果。

要走進酸民設下的風暴，還是寧靜的個人世界？其實，我們一直都可以選擇的，是憤怒與悲傷淹沒了人的理性。

我常問自己：「如果沒有成立備課Party，教學人生也就無風無雨，但，那會是你要的嗎？」

我的答案當然是否定的。

「備課趴」於我就像是一場恩典，不論曾經的悲傷、憤怒、恐懼、委屈……，還是現在的自豪、幸福、感動、感謝……，這些黑暗或是光明的情緒反應，讓我逐步看清生命本質，從而讓我的內在豐盈安定。

5 第一次出書，讓我直視「輸」

二〇〇八年全家到歐洲單車旅行，出發之前，我興奮的說：「回來以後，我們來出書吧！」全家都沒有反應。

將近一個月的騎單車遊德國、荷蘭，因為我已經打定主意要出書，所以，儘管每天騎到剩半條命，還為了食宿、路線、車況、團體互動……，搞到人仰馬翻，我依然堅持除了爸爸負責拍照，可以不必寫，其他人都得天天記錄事件與心情。

七月底「逃難似的」回國後，我利用僅剩的八月暑假，天天與時間賽跑，先幫老三盧楓把文章變成一本旅遊小書，印製後當成暑假作業繳交，接下來，就是趕緊進行《騎單車看世界》這本書。

這是我生平第一次寫書，可想而知，內心的激動與衝擊有多大。寫完的那一刻，整夜無法入眠，我想像著各種盛況，像是被各大出版社競相邀約、被讀者圍著簽書合照、進到書店，映入眼簾的都是我的書……

有志未成，學生反幫我上了一課

隔天一早，夜晚的美夢突然驚醒，就像從天堂掉到地獄般的心情，因為，我的書寫完了，可是，我去哪裡找出版社出版呢？

舉目望去，書架上的書，注記著千百家出版社，然而，就像大街上都是人，卻沒有一個人認識我，我怎麼讓他們知道我想出書呢？

後來，我想到臺南的「天人菊書局」，蔡老闆非常熱心，而且常跟出版社打交道，我覺得應該有機會靠他找到貴人。

他來來回回幫我聯繫了多家出版社，幾次看著他跟編輯講話的神情，心情就像洗三溫暖，看到他對著話筒笑，我的心就像風箏揚起；很不幸的，當他示意這間沒指望，風等像卡在樹上動彈不得。

兩個多月的等待與失望，成了我那陣子心情與生活的主旋律。就在我快要放棄的時候，竟然傳來好消息，剛成立出版社不久的羅瑜瑤小姐，透過蔡老闆介紹看到我寫的書稿，有興趣進一步了解。

記得，接到她的來電時我正好在開車，欣喜振奮之餘，我恭敬的將車停在路邊，無比激動的表示我想出書的意願，甚至我還天真的不斷強調：「我有錢，你們只要幫我出版，我出錢都沒關係！這本書對我們家太重要了，這是多少錢都買不到的！」

她溫柔又耐心的聽我說話，然後非常善意的跟我說，她很喜歡我的作品，如果出版，絕對不會讓作者出錢，因為這是出版社的工作。

聽到這裡，我整顆心都飛起來了，心想，終於要出書，我要當作家啦！

「不過，我必須呈報給另一個夥伴，讓她一起確認，三天後，我再跟您回報最後決定。」她的聲音充滿柔情與希望，我則信心滿滿的期待！

盼著出書的日子感覺特別漫長，無數次想像著書籍暢銷畫面，幾乎幻滅時又再度浮現在我腦海。

「溫老師，不好意思，我努力爭取出版您的新書，但我的合夥人有不同的想法，所以，要跟您說抱歉。」三天後瑜瑤禮貌的說明決定。

一樣是在路上開著車，我趕緊把車開到路邊，聽到是這樣的結果，掛了電話，我忍不住悲從中來。

隔天上課，心情尚未平復，我決定把我的痴心妄想、期待又受傷的過程說出來，一方面當作真實的人生教材，一方面也讓自己好過些。

「努力、堅持就能成功嗎？」我用我的真實案例，想讓學生盡早學會這一堂課，私心則是想用童心療癒自己。

這是我教過這麼多班級，我感覺最貼心、最勇敢的一個班級，因為這些特質，雖然師生依然會有衝突，但處在低谷時候，彼此的心卻總是靠得好近。

平日溫老師總是愛笑、愛鬧，沒想到眼前卻像個鬥敗的公雞，不復過往意氣風發、不可一世的模樣，學生立即察覺異樣。

「老師，你自己印就好，我們幫你賣啦！」

「老師，我有壓歲錢，我可以買很多本去送人！」

「老師，我家附近有一家影印店，我幫你拿去印啊！」

果然是孩子，逗得我忍不住想笑，也害羞的坦承：「相信嗎？你們老師為了想出書，還說要拿錢給出版社耶！很沒志氣吧？」

「老師，如果書沒有出版，你會覺得這件事就沒有價值了嗎？」最冰雪聰明的女孩發出了她的觀點。

頓時，全班停下了義憤填膺、想安慰、想幫忙印書、賣書的各類雜音。

「上次我們共讀完小說，大家都覺得主角很笨，又沒得到最想要的結果，溫老師問我們：『沒有得到預期的成果，過去一切的努力，就沒有意義了嗎？』至少，你們家完成了海外單車旅行，也寫下了好多故事，是不是跟那個主角的遭遇很像呢？」

猶如一記驚天雷，如夢乍醒的我，思及之前為說明小說作者的意圖，讓孩子理解「成功」指的是更深層的意義，特別引用心理學的「心理邊界」理論。

當時我用心理邊界，挑戰眾人熟知的「一分耕耘，一分收穫」。圈內的內在世界，可以掌控，但圈外的外在世界，結果不一定可控。因此，「收穫」只能往內求，外部世界是否立即認可，可能需要時間，也可能一生都等不到。

沒想到，我這麼會說道理，真正遇事，也不過如此爾爾，還讓學生回頭給我提點，我不禁一臉愕然：「喔，對吼！」

我心想，自己騎車騎得要死，還這麼費盡心力與心思，又記又寫，竟然沒有回報，我把焦點放在外部，以為能不能出書是我可以控制的，也難怪心裡會受苦。

找回心理邊界，確認什麼是可控制的；也承認自己受傷，接受現實的殘酷。謝謝學生讓我漸漸放下執念，我的重心又轉回更多教學創新。

遲來的喜訊，讓我直面內心

「溫老師，我是瑜瑤，不好意思，又來打擾您！反覆看了您的單車旅行書稿，我真的很喜歡，所以，我想自己幫您出版。」就在二〇〇八年底又接到瑜瑤的電話。

「這是老天在跟我開玩笑嗎？」一時間有點反應不過來，我自問著。

「不過我會用另一家出版社出版這本書，可以嗎？」瑜瑤非常客氣又溫柔的再次向我說明。

「我……我……很願意，當然好啊！很驚喜，有點突然，好興奮……」我呈現語無倫次狀態。

《騎單車遊世界》終於在二〇〇九年四月出版，正逢兒童節，南大附小園遊會上，我們班的攤位多了這一項商品。

學生先是幫我製作宣傳海報，當天又誇張賣力的逢人推薦，經過攤位的家長，有的直接拒絕，連翻一翻的意願都沒有；有的則是礙於情面，加上孩子熱情的叫賣，勉強捧場；當然，有些本就欣賞溫老師教學風格，也對親子海外單車旅行這樣的教養方式感到好奇，便直接買書表達支持之意。

站在攤位上那天，我同時扮演著兩個角色，一個是厚著臉皮，跟學生一樣叫賣的溫老師，一個則是冷冷從旁看著，或被欣賞悅納、或被無情拒絕，在情緒天秤兩端擺盪的溫老師。

當初學生跟我提議，要在全校園遊會賣溫老師的書，我一開始非常反對，學生覺得很奇怪，出書就是為了賣書，還在堅持什麼？

我一時給不出合理答案，這時冷不防的，平常金庸小說讀最多的學生，狠狠射來一箭：「溫老師畏戰啦！」

正是這句話，終於把我心中最底層的恐懼，毫不掩飾的給逼了出來。我常很自豪跟人家說，我不喜歡比賽，我不愛競爭，說穿了，不是不愛名利與自我實現，其實是「畏戰」！我不喜歡輸的感覺，因為我從來就沒有直視「輸」，也可以說，我尚未把「輸」的定義搞清楚。

終於，我在學生面前承認，我很怕面對被拒絕的難堪，尤其在你們面前，赤裸裸地被你們看見我的失敗，那會讓我覺得自己寫出一本爛書，做這件事很笨、也毫無價值。

很奇妙的是，當我在臺上滔滔不絕自陳內心恐懼，我彷彿看見學生一步步向我靠近，然後自己愈縮愈小，接下來的畫面是，他們的臂彎成了我的搖籃：「溫老師，你不要害怕，我們會幫你啦！」

我以為我只是想出版一本書，沒想到，出書之後，竟像潘朵拉的盒子被打開，被迫面對自己內心深處的脆弱與怯懦。

園遊會賣書的經驗讓我漸漸認清現實，書賣不好，可能是個人因素、取材冷門、宣傳不力，其中個人因素占最大成分。比如：寫作能力、專業領域名聲與實力積累，後兩項也許我還是新鮮人，但，我真的盡力了！

很感恩透過自己的真實事件，領略了阿德勒的「課題分離」，並明白「邊界理論」的深刻內涵，多了成熟圓融的務實，之後才有機會在出版社的邀請下陸續出書，包括天衛文化（小魯文化）《溫美玉老師的祕密武器》系列、親子天下「溫美玉備課、數學、社會、素養趴」系列，我再也沒有之前的患得患失，因為我對自己的教學專業有把握，也有信心把自己的書推薦給需要的老師、家長們。

這個「第一次出書」的奇特遭遇，成了我日後很重要的心理安慰劑，只要踏入不熟悉的領域，我就會有心理準備，可以努力，但需要因緣俱足才能成事。再者，若非自己真正擅長的領域，只要視之為新的可能和無限性，不要抱著虛幻的期待。

6 考績乙等換一趟圓夢的單車長征

二〇〇八年全家到德國、荷蘭「騎單車看世界」，從此挖掘出我體內隱藏許久的單車旅遊魂。

隔年，得知該年五月，捷安特董事長劉金標將以七十三歲高齡、耗時二十天，挑戰從北京騎車到上海。比較特別的是，為了推廣自行車旅行，這次他想邀愛好者同行。同行者食宿、機票交通與旅遊參觀，都由捷安特公司招待，條件是，先買下標哥親自參與設計，價值十五萬八千元的限量紀念車款，就有參加機會抽獎。

這趟行程歷經三省三市，十三個歷史古城，除實踐「讀萬卷書，行萬里路」，還能深入大陸都市、鄉間的生活，並與一群同好騎車切磋技術。不僅如此，在中國騎車旅行的難度奇高，有牽涉兩岸敏感政治的問題，還有路程中安全考量，更有特殊路線的安排，若非搭上此活動便車，天時、地利、人和因緣俱足，何來圓夢的機會？看到報導當下，我馬上磨刀霍霍：「千載難逢，無論如何都要爭取啊！」

與學生、家長、家人交心，取得支持

即使不一定能抽中，我依然一頭栽進去，全副心思都放在這個名為「京騎滬動」的一千六百六十八公里單車長征活動。

報名參加的同時，我正擔任五年級導師，我的老大也將在五月參加高中基測，這是她人生中的大考，做為媽媽，理當陪在身邊。

幸好，經歷了人生大大小小的風波，已然能對眼前衝突雲淡風輕，真誠面對。

我先跟學生說明我的壯舉：「溫老師有個單車夢，如果勇敢追夢，就得暫時拋下責任，該繼續追夢嗎？」

「當然！老師你不是也這樣鼓勵我們嗎？」學生正面回應。

「該不會你們期待我不在，可以胡亂放肆吧！」我不懷好意的試探。

「沒錯，你不在，我們就不用寫那麼多奇怪的作業啦！」

「被老師猜中，我們的夢想就是老師消失一段時間，我們可以胡搞瞎搞！」

「老師，我們會想你，但不會想要你派的功課，哈哈哈！」

一陣陣吐槽老師的話，讓全班陷入瘋狂。我很高興他們如此真實，這真是美好的師生關係啊！不用掩飾內心的小確幸；不必擔心老師會給誰貼上標籤；更不必覺得老師心裡會受傷，因為，最健康的關係就是「我願意信任你」，最正向的互動就是坦誠中帶著幽默。

師生彼此信任的愉快閒聊後，我很坦白告知，身為導師自有其責任與義務，任性歸任性，心裡隱隱然還是有罣礙。

攤開內心焦慮，全然示弱之後，我邀請學生和我一起思考：

「面對一輩子可能僅有一次的機會，還有肩負的導師責任，兩者間該如何取捨？」

「如果確定去騎車，怎麼讓相關的人的衝擊降到最低？例如，怎麼維持教室學習？怎麼跟家長說明，並取得他們的諒解？」

那是春暖花開的三月，外頭暖暖的陽光灑落教室一隅，我把這群孩子當成我的精神導師，請他們指點迷津。

回想當初任教師時，竟等到學生畢了業才放心去結婚，現在為了騎單車而請假，內心卻沒有一絲歉疚，恍惚間，歷經二十年的歲月淘洗，我真的活出了自信啊！

「老師，我們會好好上課，不會鬧代課老師，你放心去圓夢吧！」

「我們來跟爸爸媽媽說，叫他們不要罵老師偷懶。」

「我要叫爸爸媽媽也學溫老師，不要為了照顧我們，忘了自己的夢想。」

「老師，這次不去就沒有機會了，反正你還會教我們很久啊！」

你一言他一語，耳邊傳來懂事、體貼的話語，這個班級的孩子真是暖心，實在讓我愛死了！

接下來的重要工作是給家長寫信。遇到這麼重大的決定，更需要靜心，誠實交代我的私心與渴望，坦承我的疑慮與內心衝突。沒有意外的，家長跟他們可愛的孩子一樣，為我打氣，鼓勵我追夢。

原本想在家裡再進行一場圓夢會議，幸運的是，善解人意的先生與女兒，聽到我在教室的處理過程，很快的就說：「你可以直接省下這些策略，我們統統支持你，留下這些力氣，可以多騎一些路，哈哈！」

再努力一次，圓滿一件事

正當一切都處理好，準備向學校行政報備時，終於等到抽獎名單揭曉。

那一陣子，心裡每天都惴惴不安，每每看著又有誰跟我一樣買車，加入抽獎陣容時，暗黑的內心不禁詛咒：「幹嘛啊？是有多厲害嗎？你確定跟得上嗎？」

揭曉的那天，一整天盯著信箱，除了高中、師專聯考榜單，我已經忘了還有什麼時候這麼熱切盼望。當我顫抖著打開電腦，努力搜尋映入眼簾的名單，結果怎麼用力找，就是找不到「溫美玉」三個字。

「五雷轟頂」、「青天霹靂」已經不足以形容我當下的心情！

前一年全家到德國、荷蘭騎車，一部兩萬多元的旅行車，就讓我糾結不已，這次咬牙買下要價十五萬八千元的名車，以為能美夢成真，沒想到竟換來一場惡夢！

除了金錢損失，還有精神上的折騰。好不容易把學生、家長、家庭三方都搞定，大家也期待我回報所見所聞，沒想到卻沒錄取，感覺自己像個笨蛋，又像個凱子被騙，百味雜陳，內心實難平復。

「如果是你，你會怎麼辦？」我問學生。

「抗議！抗議！抗議……」學生馬上模仿選舉語言。

「老師，抽籤本來就沒保證一定會中啊。」有學生潑我冷水。

「而且，你以前給我們抽籤總是說，沒辦法，幸運之神暫時沒有站在你這裡！」可惡，還給我補一槍！

冷靜想了一晚，我問自己：

「你真的想要去騎車嗎？」

「如果真的想要，可以再做什麼努力嗎？」

感謝阿德勒的「人生三角柱」理論，很快的，我的腦子拋開了「可憐的我」、「可惡的他」，並且浮出『我不想第一時間就認栽』的念頭。

確認自己想要行動，我立即打開電腦，循線找到負責人，寫下了一封信。為了展現強大的毅力，我先琢磨收信人的心理，謹慎的從幾個點開展：

一、陳述落選事實與強烈難堪。例如：已經向學生、家長們報告，取得支持。
二、同理：表達相當理解主辦單位的立場與為難之處。
三、共好：提出具體解決辦法，希冀朝共好前進。例如：增加錄取名額。
四、專業：提出作品《騎單車看世界》，證明自己對單車旅行充滿熱情也很有經驗。
五、利多：說明為何要錄取「溫老師」？證明自己會是最佳的單車宣傳大使。
六、渴望：說明自己可以柔化單車的陽剛之氣，帶給女性更多正向激勵，號召更多女性騎車上路。
七、圓滿：無論能否改變事實，寫完這封信，表達心中渴望，也圓滿這件事。

當晚寫完信之後，我到車行找老闆，表達難過與失望。老闆是老朋友了，這段期間也堅信我能抽中代表臺南去參加活動，事與願違，他也相當意外。

我把這封信轉寄給他，老闆讚賞之餘，提到馬上要召開經銷商大會，有機會直接跟標哥或行政高層對話，他承諾要幫我再推一把。

謝過了老闆，我才發現，自己終於可以「心安」了！不是「安心」，因為我還有「想望」，還不想放棄。

抽獎只能憑運氣，我根本使不上力。至少再給我一次機會，以自己的方式努力，如果對方還是不接受，我就認了！這是我圓滿一件事的方式，即使它看來已經「失敗」。

課堂上，我把這件事的後續處理告知學生，他們紛紛豎起大拇指，為他們的老師按讚。當下，我的心情平復許多，我想到，光是讓學生看見他們的老師，怎麼不服輸，怎麼用禮貌卻堅定的方式，為自己的夢想打拚，這堂課也就值了！

幾經周折，峰迴路轉，最終主辦單位同意我以支付一半旅費方式參與。

聽到這訊息，當下簡直比中獎還樂，馬上就跳著笑著直奔校長室，一來向校長報備，二來準備請假。

校長冷冷提醒我：「你知不知道這假請下去，考績乙等？」

我禮貌回答：「謝謝校長，我知道會有這結果。」

「我們學校應該還沒有老師考績乙等喔。」校長再次好意要我考慮。

「校長，考績乙等，不是因為教書教不好，我只是想圓夢，我有跟學生和家長說明了。」我想騎車啊勝過追求考績！

「考績乙等，將來要報名獎項評選，例如：師鐸獎、POWER 教師……，就沒機會了喔！」校長再次貼心的提醒。

「嗯……，謝謝校長，我從來沒想過要參加這類評選，所以，沒有影響的！」我心裡嘟噥著：「我都幾歲了，還跟我講這些？」

終於，塵埃落定！

我如願以償，用一次乙等，換來從未有過的人生體驗。

這是一次歷史性的活動，當時兩岸政治還在蜜月期，不僅因為捷安特當時是對岸最大品牌，還有劉金標董事長時任總統府資政的關係，一路公安與交警開道，從北京騎到上海，沒有遇過一個紅綠燈，無比暢快，再累都值得！

不過，更讓我興奮的是，讀了歷史、地理，還有古今眾多文學作品，我一直掛記著用自己的雙腳朝聖。

活動中，幾次利用空檔，我一個人跑去走八達嶺長城，去天津茶館聽相聲，去揚州走訪朱自清故居、四大名園的拙政園……，再加上騎行過程中，官方安排的重要景點，例如：孔子、墨子故居，登上「會當凌絕頂，一覽眾山小」的泰山，還有，騎進農村真正深入當地，和黝黑的勞動農民對話，使用茅坑的經驗……。置身其中的真實體悟與震撼感動，是我想給自己的人生「考績」。

重點是，真正的為自己做過選擇，活出真實的自我，考績乙等又如何？

7 研發獨門小白板，翻轉了我的人生

人生有很多機緣，是巧合也是命定。

研發一系列小白板或許就是我的「天命」，而其中「溫老師五卡板」更可說是改寫我的命運。

每週三是臺灣國小老師研習進修的時間，學校總會在這時間安排各種相關講座，我因為常常受邀到他校分享，鮮少有機會參加。

有一回輔導室安排心理師到校為老師增能，而我正好得空參加，那是我第一次看見「百變情緒卡」。

簡單小卡搭起語文鷹架

「情緒卡」利用強弱正負不同的情緒卡片，協助受輔個人或團體進行情緒辨識、指認、溝通、表達與轉換。而這正好是我最喜歡在教學中帶入的課題，沒想過竟然能借助多張卡片，不必想破頭，就能輕易從中選擇並快速回應。我在心裡吶喊：「眾裡尋『它』千百度，驀然回首，那『卡片』卻在燈火闌珊處。」

我已經忘了那時心理師提及的輔導案例，因為當下我的心早已飛到我的教學裡，眼前不斷閃過利用這類卡片融入語文課程的各種應用場景。

隔週，我正好要為臺北市東門國小一群四到六年級小朋友上課。那場教學總共有一百二十個音樂社團的小朋友，由老師帶隊南下與各校交流，其中有一個行程就是邀請我為這群孩子上課。

這可以說是一場條件極為嚴苛的教學觀摩，上課的時間是下午一點半，地點在視聽教室，又是混齡……，只剩不到一週的時間，沒想到，老天送來我意想不到的上課好物：情緒卡。

當天的教學觀摩課上，我安排兩人一組，每一組手上握著一張情緒卡。我上的課文是〈智救養馬人〉，內容是說齊景公因愛馬病死，將怒氣出在養馬人身上。準備處死養馬人時，大臣皆面面相覷，唯晏子巧妙運用機智勸諫。不但救了養馬人，也讓齊景公免於犯錯。

這是一篇情緒張力極強的課文，除了景公精采的顏面保衛戰，關鍵的養馬人、討好主子的大臣、展現機智的主角晏子，為了求生或是普世價值，都各有算計。怎麼讓混齡且情緒語詞匱乏的學生，在最差的教學時段，參與一場有人性溫度的課堂呢？

果不其然，「情緒卡」瞬間為孩子賦能，坐在後面觀課的南大師生，受震撼之餘也深深著迷。尤其結束前的「即興戲劇」，延續情緒理解與共情產生的後座力，讓小朋友猶如人物附身，加上溫老師本來就是戲劇咖，精采的展演讓在場所有人大呼過癮。

這麼簡單的卡片，就能快速翻轉教室氣氛，大幅提升教學效能，究竟是為什麼呢？其實，簡單正是王道，教學中最重要的是提供「鷹架」，情緒卡直接切中所有人內在，不用特別引導，很好上手，成了文本與讀者的最佳橋梁。

情緒語詞彷彿強而有力的磁石，立刻抓住孩子眼球，暫時安靜後，回頭先找找自己是否也有過類似的經驗，經自主偵測、配對，嘴巴裡吐出來的，幾乎都是經過思考的訊息。不像過去，師生討論往往得費神管理上課脫序行為，耽誤正課又影響互動品質，優質互動的上課就像百米賽跑直衝終點。

很快的，「情緒卡」已經無法滿足我的課程需求。文學作品中探索人物「性格」，是讀者最感興趣的，然而，我若突然問你是什麼樣的性格，鮮少人一下子能簡潔快速回應，更何況我面對的是小學生。

當情緒卡高效運用在教學之後，我的教學輔具創意大腦突然被電擊，那段時日，積極想擁有一套「性格卡」在上課時使用，就像一股電流不斷在身上竄流、放電。

不久，我的情緒、性格雙卡教學，案例源源不絕產出，師生課程互動效能瞬間提升，演講場合也開始力推雙卡策略教學，一時間，得到老師們的熱烈廣泛迴響。接著，這些令人激動不已的真實體驗，透過「溫老師備課 party」社群，一篇篇如接力賽般呈現在教學生態圈，彷彿蘇軾筆下的驚濤拍岸，雙卡教學亦慢慢捲起千堆雪。

出版雙卡，擴大溫氏效應

心理學上著名的「霍桑效應」告訴我們，受到特別關注和讚賞的行為或表現，會產生激勵作用。

雙卡教學不僅激勵了第一線老師，出版社也看見了這股風潮。出版邀約送來，我獨排眾議，直接表明我想整理發表雙卡教學實例，也就是有卡片及書籍的雙出版。

對出版社而言，無疑是一項挑戰與賭注。而且我堅持得由知名插畫家賴馬繪製卡片圖像，當時這被認為是項不可能的任務，賴馬老師向來只為自己作品繪圖，近幾年幾乎未幫他人跨刀。

還好，透過私交，加上強調雙卡的教育影響力，豪氣的賴馬一口應允我的不情之請。接下來，積極又專業的編輯美滿，又請來心理學界極受敬重的楊俐容老師助陣，果然「有心拍鐵，鐵成針」。

二〇一六年六月同時迎來《溫美玉備課趴：情緒表達與寫作的雙卡教學實錄》，以及劃時代的《情緒寶盒》類桌遊出版。這是出版界第一本與第一盒關於情緒、性格在教室應用的案例，包含語文、社會、班級經營等的教學實例；超過三十篇教案，內容涵蓋各版本課文，橫跨各年級；十本繪本教學，多元應用幫助孩子認識自己、發現自己的亮點；依六種層次分類的三十六個情緒詞彙，兩兩相應的十五組三十個性格特質詞彙，豐富情緒倉庫，終於讓心理學非常自然的走進小學教室，成為學生抓得住也說得出來的具體語詞。

感謝多位第一線老師鼎力相助，其中，彭遠芬、段淑如、徐培芳、李佳茵、魏瑛娟、李郁璇、楊沛綸、林怡君，提供了非常到位的雙卡教學案例，一舉打破傳統讀寫、人際互動框架，讓溫老師的夢想得以具體實踐。

很快的，《情緒寶盒》受到熱烈迴響，同時間我也發現一盒六十六張卡片，無法滿足更多情緒與性格的需求，加上我還陸續加入「行動」、「觀點」、「六星寫作」，也就是說，這三種策略讓語文教學更有效又有料。

半年後，《溫老師五卡寶盒》、《溫美玉備課趴2：閱讀理解與延伸寫作的五卡教學實錄》接續出版，我在教室更為奔放多元的語文素養教學，得以完整收錄呈現。

「溫老師五卡板」誕生

「溫老師，你怎麼沒想到把這些語詞放在小白板上，這樣就可以方便且重複使用了。」如果說溫老師研發一系列教學策略的小白板受到廣泛讚賞，我想最要感謝及讚賞的是一位關鍵人物，她就是深受老師及家長敬重的彭遠芬老師。

除了「情緒寶盒」之外，我還大力推廣「千格板」，這個想法也源自一位老師的建議，再經我的改良，成了教室裡最簡單卻最實用的小白板。一張紙包上亮膜成了千格小白板，比起傳統的鐵性或木頭小白板，不僅輕、薄、不占空間，更能重複使用；小組討論、個人操作的分享發表，都少不了這好用的教具。

沒想到，聽到遠芬提點一句，可以結合應用這兩樣東西，我頓時腦洞大開，開始想像各種策略，想像一塊小白板怎麼瞬間炸開教室傳統學習。感謝參與製作的魏瑛娟老師，接力跑完最後一哩路：確認語詞和排版。「溫老師五卡板」終於誕生。

「溫老師五卡板」的雛型有了，然後呢？誰來出版？怎麼使用？

夢想很美好，但現實很殘酷！誰來印製與銷售「溫老師五卡板」？

出書可以交給出版社處理，但是，沒有人願意為「小白板」埋單。

還好，經過「讀你我閱讀寫作工作坊」的現實錘鍊，我已練就金剛不壞之身，兵來將擋，水來土掩。只要不放棄、不妥協，方法總比問題多，而且答案早就在某處等著你。最終仍是我的先生成了金主，因為他總是用無盡的愛與欣賞包容我：老婆想做的，一定就是對的！

完全不懂商業銷售的我，為了壓低單價，花了大錢印製了超過十萬張大小白板，原本還在沾沾自喜，老師、學生們不必花大錢，就能輕鬆享受教學翻轉的樂趣了。

很快的，現實粉碎了我的天真，印刷廠通知印製完畢，心痛的付錢之後，我才驚覺這麼多的貨品，倉儲、銷售渠道、人員、金流……在哪裡呢？

多處吃癟，不時碰壁，更多時候，瑛娟和我像傻瓜似的，以為找到了打開成功大門的鑰匙，沒想到門一打開，卻是不堪使用的違章建築。

就快走投無路之際，政大書城信賢經理阿莎力一句：「溫老師的事，就是政大的事！」一瞬間峰迴路轉。

感謝政大書城接手統籌實體銷售和金流，以及三家教科書出版社熱情邀請我演講示範，並在演講現場協助販售事宜。如有老師訂購，業務先生們更不辭辛勞協助親送或寄送。若非前期這些貴人襄助，「溫老師備課小白板」系列奇蹟就不會發生。

我用小白板翻轉了教室

企管大師詹姆・柯林斯曾說，想要從優秀變成卓越，像是在推動一個巨大、沉重的飛輪。然後，在某個時刻，飛輪便以不可遏抑的動能，快速前進奔馳，這就是「飛輪效應」。

「溫老師五卡板」可以算是我找到的飛輪，因為已經有無數老師證明，可以解決教學現場的語文教學和班級經營問題，加上我及多位老師，幾乎每天都有五卡板教學成果，分享在「溫老師備課 Party」讓老師及家長參考。

然而，能不能始終如一的按照「同一方向」去推動它？以及，在漫長的時間中「持續不斷」的推動它，堅持不懈直到飛輪高速運轉？

如果，「溫老師五卡板」是第一個被轉動的飛輪，那麼飛輪的執行與創新，就是指後續的「數學板」、「地圖板」、「讀寫板」、「思考板」、「五卡英文板」，乃至於退休以後研發的「低幼五卡」、「作文板」。

當賈伯斯想著改變世界時，他不是空想，而是研發出蘋果電腦 iPod、iPhone 等，讓夢想化為具體的產品。

雖然我只是個小學老師，依然可以仿效賈伯斯，把翻轉教學的理念，變成老師和學生手上的小白板，也就是說，我把教學策略化作具體產品，讓教學活化瞬間不是夢，縮短了我們與創新教學的距離。

每回演講，第一次使用白板系列的老師們，看見這麼簡單的工具，透過無數老師的努力，衍生出驚人的教學創意成果，總是驚豔不已。這時我就會跟老師們開玩笑說，未來我的墓誌銘很簡單，就寫上：「這個人是老師，她曾經用小白板翻轉了教室風景，你也可以叫她：『策略小白板教母』。」

小白板的研發與推廣，我為自己的教學人生寫下一頁傳奇！

8 首度跨海教學，豐富的挫折與成長

「Shut up! Shut up!」喝斥的聲音開始在教室傳開……

原來已經炸開的教室，學生慢慢收斂。女生收起了指甲油，有男生示意大家回座位，有些人連忙把椅子搬回自己的位置……

漠然站在臺前的我，不僅沒打算開口緩和肅殺氣氛，還繼續用更凶狠的眼神，掃射這群不受教的學生。

我想用行動告訴他們，我內心受了重傷，而且隨時可能向外攻擊。

這一幕不是電影演出，而是我在美國一間教室的真實經歷。

為什麼我會站在美國的高年級教室上課？為什麼這群學生向我學習中文？

GHF學人獎開啟赴美契機

二〇一七年我榮獲GHF教育創新學人獎，這是由溫世仁文教基金會、看見臺灣基金會及政治大學創新與創造力研究中心共同舉辦。主辦單位為了鼓勵獲獎老師走向世界去學習，也讓世界看見臺灣在教育上的努力與創新，得獎者可利用獲頒的三十萬元獎金，做為海外參訪、交流、發表、宣講、學習或研究活動費用。

這是多麼大的鼓勵啊！我在社團公開得獎訊息，也徵詢該到哪一國進行交流學習，那陣子，「溫老師備課Party」海外趴友都被激活了。

海外邀約紛至沓來，最終我決定接受好友Amanda Conklin的安排，到美國猶他州進行為期兩週的交流。一方面這裡是全美最多人學習中文的地方，我可以進行中文教學與參訪；二方面則是全美中文大會（National Chinese Language Conference, NCLC），這一年就在此地召開。

過去受邀新加坡、馬來西亞、大陸、香港等地演講或教學演示，多數是因為我在語文領域的教學成就。我所研發的五卡，不管是「情緒寶盒」、「五卡寶盒」，還是後續改良的「溫老師五卡板」，早已在華文地區被公認是最佳的語詞、句型鷹架，在中文語境下學習的孩子，五卡的確對語文學習產生極大效益。

但，在中文只是第二外語的情境，效果還能如此驚人嗎？尤其在美國這種沒人認得溫美玉老師的地方，我還想挑戰教美國小孩學中文，這簡直就是把自己往火坑裡推。

眼看這條走向世界的路，不僅充滿考驗，還關乎臺灣教育聲名，挑戰如此巨大，我該做哪些準備呢？

首先，很幸運的，學妹徐培芳老師應允排除萬難同行，協助我完成艱巨的任務。接著是後援部隊的組成，李郁璇、魏瑛娟老師協助製作教學與演講PPT，我們臺灣四人小組，加上美國當地的 Amanda Conklin 成了這次任務的最佳拍檔。

出發前，我準備了各種可能會用到的道具和書籍，甚至為了配合他們使用簡體中文，不惜花費巨資重新製作，像是全開大張的五卡板，一張大版面輸出費用將近五百元，我硬著頭皮印了十張。

更大的花費則是學生使用的A3簡體中文五卡板，當下想節省成本，若是少量印製的話，每張成本過高，於是在失心瘋之下，一印就是五千張，當時帶了大約三百張過去，至今還有很多庫存堆在倉庫呢。

儘管萬全準備，面對毫無中文基礎的外國人，還是讓我挫折連連、驚嚇不已。這是一所沉浸式學校，實施半天中文、半天英文授課，只是美國學生缺少說中文的環境，加上不硬性指派課後作業，程度可想而知。

期間我一共有十場教學示範，有體制內的中文實驗學校，還有 Amanda Conklin 成立的體制外中文教室，跨度從小一班級到國小、國中、高中混齡，各種班級我都嘗試。

最震撼的是，有一班高年級學生，那是我教書三十年第一次遇到，學生一上課就倒數下課時間，而且親眼見到電影演的情節：把老師當空氣、放肆笑鬧、傳紙條、腳放在課桌上，還有女學生搽指甲油……

「天哪！臺灣老師是不是真的太嚴厲了？」平常孩子只不過眼睛沒注視老師，就足以讓我們大發雷霆，指責他們不尊重課堂。反觀眼前這群美國學生的惡形惡狀，那瞬間，我突然好懷念臺灣的孩子。

我不僅驚嚇還感到憤怒，明明課程無法展開，美國導師和原本的中文老師竟站在一旁，絲毫沒有想出手制止與援救。「難道，她們倆不需為眼前鬧劇負責？還是她們自己的課就長這樣？」

察覺必須自力救濟，我立即收回笑臉，並且板起臉孔，不再出聲，不再討好這群粗魯無禮的學生。

「Shut up! Shut up!」班上最壯碩的男生開了口，接著還有兩位跟著喊。直到最漫不經心的學生慢慢安靜，我開始試著轉化班級氣氛。

「我沒想過會有這樣的上課開場，這是我第一次感覺當老師這麼沒有尊嚴。」我嚴肅的表達感受。

「現在請你們拿出『溫老師五卡板』來圈情緒語詞，假裝你們是剛剛的溫老師——在三個月前就開始為這次教學做準備，還花了很多錢坐飛機、用了很多時間製作教具，還找了很多很厲害的老師幫忙，就是想給你們上好一堂課的溫老師，她剛剛面對你們的混亂與不給面子，心裡會有什麼感覺？」

深怕這些學生聽不懂中文，我特別放慢語速說完一大串話，學生似乎被打動。

這堂課我早已經準備好語文課程〈胃先生的除夕日記〉，沒想到竟然是這樣開始。

有趣的是，這驚天一怒，正好把全班的注意力抓回來，而且還用剛爆發的真人實境演出，直接驗證了「溫老師五卡板」的功能。「危機就是轉機」真的一點都沒錯，溫老師用「五卡」，一腳踢開了美國學生給的鐵板！接下來課堂極為順暢，彷彿不久前的鬧劇從未發生過，課後好多學生上來擁抱我，搶著和我們拍照。

「美國學生就是這樣嗎？不長心眼、不懼權威、不記前仇！」上完課，我恍惚以為這是一場夢，我在夢中經歷了一場戰爭，而且「被」上了一堂極為震撼的課。

除了前述的班級，其餘的每一場教學觀摩，有些是我主教，有些則是專業的培芳主教，我們都留下無比美好且愉悅的經驗。

我們自認為臺灣有著全世界數一數二認真的老師，我帶了一些優質繪本，加上我們事前一遍又一遍的虛擬教學，即使美國學生中文程度不佳，教學充滿挑戰，我們仍然使出渾身解數。

有一次我要講「屍體」，但是底下學生聽不懂什麼是屍體，我就往桌上一躺：「啊，死掉了！」學生才明白，我慶幸自己本來就很愛演。

還有一件事讓我印象深刻，這麼多學中文的班級中，有個四年級的班特別厲害，學生不僅聽說讀寫一把罩，作文還寫得很有程度。

「我超級喜歡中文，雖然只有在美國大學主修，但我很喜歡教學生中文，我的學生也很愛學中文呢！」帶這個班的莫老師是一位在美國土生土長的年輕女老師。

我們專程訪問她的教學，果不其然，身教、境教、言教，加上充滿創意又愛孩子，難怪學生中文程度這麼好！

我來自臺灣，我是溫美玉！

結束美國猶他州十場教學觀摩，我站到了全美中文大會的講臺上。這場會議集結致力於中文教育和相關領域的人，與會人員大多是在美國雙語學校任教的老師。而我是自二〇一二年全美中文大會舉辦以來，第一個上臺分享的臺灣人。

為了讓這趟參訪能夠宣揚臺灣教育的卓越成績，我報名徵選大會的「特殊教學發表人」項目，經過萬全的準備以及 Amanda Conklin 大力協助，讓我能夠站上大會講臺發表演講。

很幸運的，那天我是第一個講者，提早到達會場準備，參加的學員陸續入場，離上臺時間還有十分鐘，趕緊邀請他們先睹為快。

這真是極好的行銷策略，大家看到有人圍成一桌，好奇心驅使下人愈聚愈多，我趕緊秀出這幾天運用五卡在美國教學的成果，老師們無不驚嘆。

有了會前暖身操，一上臺就掌聲不斷，激發了我更多的自信。我準備了教具帶領學員體驗，情緒卡、性格卡成為現場的吸睛焦點，關鍵詞彙搭配賴馬出色的插畫，讓美國孩子學會用中文精準表達情緒和性格，獲得大會滿堂彩。

「我來自臺灣，我是溫美玉！」二〇一八年五月十九日，我終於在全美中文大會，為臺灣教育圈跨出了重要的里程碑，也為這次學人獎參訪，畫下美麗的句點。

一趟美國教學行，讓我的教學受到莫大的試煉。我本以為這些年累積的氣場與專業，早已具備強者氣概，沒想到三兩下就被打回原形。

至此，我才明白，原來，得獎不是肯定你成功了，而是認可你能肩負重任，有勇氣去叩擊成功的大門；原來，得獎不是肯定你登上高峰，而是考驗當你的專業能力受到挑戰時，能否挺起胸膛正面迎擊。

是的，我得獎了，這個獎讓我再度歸零學習，這是教學生涯中，讓我受挫最深卻成長最多的一個獎項。

9 成熟的「任性」，是專業底氣的自信

回顧這三十年，我怎麼為自己的教學生涯做總結？

從最初比學生還早跑出教室，一直到赴美參訪教學，怒視不受教的一群學生，我想，我對教室的要求，一直沒有太大的改變。

一樣很任性！

最大的不同是，我終於可以在教室或公開社群展現自信、自在的「任性」，而且很清楚自己在做什麼。

我所謂的「任性」，更具體來說，其實是充滿專業底氣的「活出真實的自己」。

處理班級事件，考驗老師的成熟度

就在退休前夕也就是學生畢業前兩週，我處理了一件棘手的班級事件。三個男生笑鬧推擠，不小心撞倒女同學的保溫瓶，導致開關毀損。女同學明白表示絕不寬貸，三個男生一開始不認帳，後來經由我介入協調，三個男生同意依保溫瓶的價格賠償。

然而，三個男孩得知必須賠償一千一百五十元，再看看那個保溫瓶已經使用一陣子並非全新，若要按照原價賠償實在不甘心；再想到要回家跟爸媽拿錢，免不了一頓斥責，內心的恐懼可想而知。

做為導師，你是否也常遇到層出不窮的突發事件困擾？很多時候，班級經營不善，並非教學不力，反而是因為教室危機事件處理不當，公親變事主，明明是學生犯錯，但家長或行政單位卻怪罪老師處理不當。

如果你是溫老師，你會怎麼處理呢？立刻告知雙方家長處置方式？還是優先安撫、處理學生情緒？

若要我說我跟過去的自己有何不同，這件事的處理，可以清楚看出，我的心靈已經愈來愈自由。

事件在三天後落幕。我自己賠了一千一百五十元給女同學。

等整個事件處理完畢，我才寫信跟全班家長報告，我的處理方式及背後思考。

不管是對班級的家長，或者是對外在的人、事、物，我們常常極盡全力去滿足，卻忘了更需要被照顧的其實是老師自己。

為什麼最終我決定自掏腰包賠償，明明是學生調皮闖禍啊。

我第一個想到的，其實是我自己。

僅僅剩下兩週就要退休，如果這件事稍稍處理不當，我的「一世英名」竟毀於此，那豈不嘔死？

自私嗎？沒錯，真的好自私啊！我完全接受，而且不想偽裝，因為我是一介凡人。

那麼，一千多元對我毫髮無傷，卻能免於跟四個家長說明溝通，老師自己先跳下來承擔，家長也不好意思說什麼了吧？

第二，是發揮我的創意與幽默。

「請肇事方道歉及賠償」直截了當，但絕非我的班級經營風格，因為太粗暴缺乏溫度，而且不好玩！

「現在，溫老師先幫你們出錢，記得，長大以後賺了錢要請溫老師吃飯，我可是要吃大餐喔！」

「老師，你那個時候已經『老叩叩』了，沒有牙齒可以吃大餐啦，哈哈哈！」學生鼓譟著。

明明是很嚴肅的話題，帶進一陣人間煙火氣，突然就變得溫馨許多，而且讓師生間的情感無限綿延，這才是我的風格啊！

第三則是，怎麼把危機變成教學素材？

老師出錢，不能「師出無名」，肯定要讓孩子明白，藉由這個事件，我們可以從中學會什麼？因此，乾脆順勢打造一堂難忘的課，一堂關乎價值觀、人際溝通、道德規範的創意課程。

學生馬上要上國中了，這個事件中，有個「現實的殘酷」可以讓學生學習，那就是：

我們一輩子會遇到的事並不總是盡善盡美，有的時候即使窮盡智力和能力，也只能在「很糟」和「更糟」之間，選擇比較不糟的那一邊。我想讓他們知道，未來也許有很多事情無法理想或完美。

原以為事件到此結束，沒想到女學生的家長將賠償金全數回捐當做班費，一方面感謝老師，同時也樂見全班得到省思成長的機會。當然，那幾個小男生除了跟受害者道歉，也跟自己的家長承認錯誤，他們的家長也寫信感謝老師，以及對女學生家長致歉。

原來，當我不把自己當法官，不急著幫受害者討回公道，不再堅持把事情做得「很好」，結果親師生三方竟然都贏了，而且贏得漂亮！

社群分享，讓我多一次反思機會

當我把這個案例分享在「溫老師備課 Party」，大部分的老師表示讚賞，但有幾個老師非常不認同，提出質疑：「為什麼學生犯錯竟是老師賠償？」

我很高興有人不認同，因為我正在觀察自己的心理反應。

很棒的是，我完全接受，而且沒有任何情緒反彈，讀者是自由的，我當然也是！我可以勇敢的、誠實的，記錄我在教室班級經營的創意做法，而讀者也可以毫不留情的批評否定，完全不同意我的觀點與做法。

能達到如此平和美好的心境，我認為這是我給自己退休畫下最美的句點，足以證明，我終於可以活出真正的自我。

在教學生涯中，我最喜歡分享的就是「書寫教學」。剛教完什麼，就想辦法留下紀錄，最好能透過社群網站或演說分享出去，讓更多人看見。

「溫老師備課 Party」成立，也就是因為我意識到分享的重要性。透過每個老師的書寫教學，不管是贊同或是否定，我們就能快速學習。不得不說臺灣這些年教育的進步，這股能量的擴散是關鍵。有更多老師願意走出教室，把自己的經驗轉化成文字、影像……，正向循環之下，從下而上的翻轉讓臺灣教育生機盎然。

然而，很殘酷的是，分享之後就會擁有一面鏡子，這鏡子可能照見自己的不足，可能得到讚賞或批評。你敢不敢擁有這樣的一面鏡子呢？

很多老師選擇隱匿自我，不喜歡把教學案例攤在公開社群，我覺得有點可惜。

你可以永遠不給自己找一面鏡子，就像我的學生拋下一句：「老師，作業給你！」寫完就丟給老師，他自己再也不想看一眼。

當然，也可以選擇讓自己面對真實的自我，甚至告訴自己：「我知道我不夠完美，永遠也不會完美，但，我還是熱愛這樣的自己，因為我相信，只有真實的照鏡子，我才知道自己哪裡需要改變。」

也許你會擔心，分享之後遭遇質疑或攻擊，鏡子會照出我們的強烈自戀與處世智慧。怎麼應對呢？

有一種很殘忍的治癒方式，也是我自己的經驗。

師專上體操課時練習高低槓，手掌不停摩擦木槓，手上的皮被一層層磨掉，直到完全脫落、血肉模糊，接著化膿、結痂。但若怕痛而停下就永遠學不會，考試肯定被當。衡量得失後，只能一次次掉淚忍痛練習，讓手掌長滿厚繭，才能夠身輕如燕、騰空飛起。

選手會抱怨高低槓嗎？厲害的人把它視為磨練的機會；反之，初學者對其戒慎恐懼，受傷時免不了痛罵幾句。

所以，分享自己的教學，你可以選擇受傷後氣憤停筆，也可以罵回去然後繼續寫，或者像我一樣，已經痛到沒力氣罵，只想留點精神再多寫一點。

專業底氣，讓人自信篤定

從這個水壺事件來思考，不管是在教室裡面對學生、家長，還是走出教室公開到社群發表自己的教學，我能夠盡情的展現個人意志，都是因為我在專業上的努力，還有心理上的調適。

沒有人能夠剛出道就如此成熟篤定。初任老師逃出教室的「任性而為」完全是試圖掩蓋恐慌怯懦的魯莽失職之舉。然而，走到如今「任性做自己」，就是一次次在經驗中學習與累積智慧，並且勇於承擔後果的底氣與自信。

就像我想保護自己，於是先拿出錢來幫學生解難，看似自私又任性，卻是多方考慮之後，愛自己、愛孩子、愛家長，不想集體陷入泥淖的抉擇。只有我明白手邊的資源與條件，他人的意見參考就好。

就像我堅持這麼多年來，不管教學案例是否完美，教完就寫，寫完就分享在「溫老師備課Party」，想要快速分享的結果就是很難圓滿。有時隔天再看，就已經覺得表述不完整，就別說現在回頭再看，思慮往往真的欠周到啊！但，至少我願意花時間整理並寫出來，這需要無比的堅持與毅力啊！

只要願意展現教學策略能力，教室無疑就是老師的天堂；只要能夠展現高度情商能力，教師職業生涯也是活出真實自我的地方。

教師生涯也等同老師的人生精華時光，三十年過去，人生活得有無價值，就看能否努力充實專業，進而成為心中理想的自己。

10 重新定義退休，描繪教育願景

「在臺灣教育圈她引起廣大的『溫式效應』，颳起了翻轉教育的旋風，她是許多老師前行的燈塔，也是臺灣教育向前行的指標，但是在南大附小的師生心中，她就是熱愛教學，每天創意無限，陪伴在我們身邊，像個鄰家大姊姊的溫美玉老師。」

這是我的教師生涯結束的時刻。同學年的夥伴，聯合即將畢業的六個班的孩子們，瞞著我設計了一張精心手做、寫滿祝福的超狂「畢業證書」，在畢業晚會頒發給我。沒有戲劇化的儀式，只是如常的告別，這也是我最期盼的方式。

正好這一屆六個班，我刻意從小一教到小六，因為兩年分一次班，有的被我教兩年，有的被我教四年，一眼望去，每一班都有我教過的學生，我和他們的父母親握過手，或者在他們無助時給予深深擁抱。在座的家長、孩子每個人都是附小的一分子，這六年來我們彼此已經很熟悉。這樣的場景好真實、好溫馨啊！

這一瞬間我只有滿滿的感恩，能夠安然走完這一趟教學旅程已屬萬幸，還能有這麼多熟悉溫暖的祝福，就是上天的額外恩賜了。

選擇退休，歸零再出發

很多人羨慕我們這一批老師可以早早退休（未來的公教人員退休已經延後），也很好奇，這麼喜愛教學的溫老師卻在五十歲左右就離開教室，到底是什麼原因？

最近我看著公司夥伴忙於工作，還得兼顧家庭和孩子，我不僅深刻同理，還有一絲絲慶幸：「我終於等到撥雲見日，日子過得悠哉自在，好不快活啊！」

想從學校退休就是這樣的心態。離開校園，我不用再擔心哪個孩子又跌倒、哪幾週要去站導護、明明不喜歡打球，為了跟高年級男生拉近距離，還得陪他們打躲避球。

小學老師的每一天是這樣開始的：一大早匆忙趕往教室，大概可以預期又是喧囂、煩躁、不得安寧的一天。

這不是你說了算的人生，再多的心理學知識或能量，都可能瞬間化為烏有。因為，孩子總是不可控、學校的雜事不會少、教學的困境愈來愈複雜難解、來自家長的壓力與勢力比很多還要更多。若是同樣身為老師，一定能懂我的文字中想要傳達的無奈。即使熱愛教學，但教了三十年教學下來，身心靈已疲累不堪。

當然這幾年，除了學校事務，還有爆量的外務，導致我得天天熬夜，每天幾乎只能睡五個小時左右，長期下來，身體真的無法負荷。另外，科技時代，教學或教育有無數創意展現方式，教室只是其中一種，我極想探索科技融入教學領域的可能性。然而，我根本沒有時間投入學習新事物，因此，唯有退休，才能歸零重新再出發。

年輕的老師可以從教室的經驗中，慢慢感受、細細體驗、緩緩成長，那是非常好的職場訓練。但是，我已經超過五十歲，一樣會擔心來自學生與家長的挑戰，讓我更憂慮的是，如果我的人生拉長為八十歲以上，我在教室多待十年，是為了什麼？如果我還有機會再活個三五十年，我該怎麼規劃未來的三十年呢？

總之，我們的人生已經不是傳統的三段式：求學、工作、退休；相反的，這之間的順序可能可以隨著個人創意自由調整。比如，有人把學習放在工作之後，或者，把退休變成短暫休息。

專門培育師資的師範體系終結，有很多反對的聲音，我也曾經持反對意見。然而，現在我不再堅持，因為改革也意味著，未來的老師可以不需要從一而終，一輩子就從事老師這行業。

有沒有可能，當了幾年老師之後，轉身從事別的行業，或者相關的教育產業？

有沒有可能，未來的退休老師，退休是為了繼續充電，依然能再次投入教育產業？

我願意成為另一種老師退休的案例，改寫退休老師的人生。

愛教育，繼續用教學書寫人生

當小學老師，真的是非常值得的行業。

「老師，我好愛你！」

「老師，你好漂亮！」

「老師，你真的好厲害啊！」

這些天籟般既真誠又甜蜜的讚美，是我們擔任教師生涯最溫暖的禮物。

鮮少有一種行業，能夠如此接近「本心」，尤其小學的孩子，幾乎是最原始的樣子。他們在校園發生的每一件事、每一種不可思議的挑釁，讓人覺得憤怒、恐懼的同時，極可能是我們不敢碰觸的潛意識。

回顧教學生涯，我被迫做過幾千個、幾萬個錯誤或是明智的決策，為什麼會下那樣的決定，彰顯了當時的思維與氛圍、心理素質與智慧水平。

如果不是當老師，我很難成為快狠準的人。教室衝突說來就來，又急又猛很難預做準備，而且都有學生參與其中，我們被迫多方考慮，權衡利害。最終的結果可能有我的看法，也有他們的觀點。如果我的人生愈來愈有智慧，老師這個角色功不可沒。

這麼多年的教學下來，我還收穫了超強的學習能力，這是當老師最棒的職涯大禮。

剛開始當老師時，出一份考卷還是用刻鋼板的方式，一個字一個字寫在白紙上，不僅耗時耗力，成效也極差。如今，最能體現時代改變的就是教育場所，特別是疫情下被迫速成的遠距教學體驗，讓老師們感受到危機感，也被迫快速與科技接軌。

當教學形式從實體轉往線上，老師們藉由社群平臺相互支援與學習，各種科技教育相關產業也提供資源協助。老師們從抗拒到順應，得到滿滿的成就感：「沒想到我也能這麼接近科技！」這是幾年前的我永遠想像不到的現代教室。

科技融入教學，一個老師的養成，歷程與速度正慢慢被顛覆。就在最近幾年，更多基礎學習，比如生字、語詞、數學、自然等課程設計，透過科技的輔助，老師可以借力使力，不僅讓學習遊戲化，還能讓學生學得更好。省下來的時間，用在與學生或家長的心理互動，更能提升自我效能，也能兼顧生而為人的價值體現，是工作也是修行。

做為小學老師，雖然一路走來真的很辛苦，但我很感恩能擁有這一切資源，也很慶幸因為當老師，能不斷與時俱進，讓職業生涯充滿挑戰，永遠走在時代前端。

「啊！我的人生棒極了！」這是我期待人生走到終點時所說的一句話。為了實現這句話，我當然不能在退休後無所事事，不僅如此，還要能夠享受每一天。還好，從開始教書到退休，雖一路風雨波折，卻滿心喜悅的披荊斬棘，體驗著成長的試煉與美好。

現在，我依然秉持著積極心態，為往後三十年人生描繪與實踐願景。

天涯若比鄰，只要想教，哪裡都能變成教室。退休之後，我持續教學，而且教室無遠弗屆，早已經不限於臺灣，教學對象從小學生到家長、老師。加上是線上直播的課堂，我不必一邊上課一邊管秩序，只需專注在教材與教學，以及盡情展現自我。

退休之後成立公司，借助優秀夥伴的才華，研發推出的教學輔具和線上課程，短時間產生了極大迴響，遠遠超乎預期與想像。我們也積極協助相關教育產業與企業，擴大影響或是推廣相關產品，進而成為長期合作夥伴，為臺灣教育注入創意與希望。

我有多愛教育、多喜歡教學？

退休後，依然用教育和教學書寫後半人生，這不是愛，還有什麼才是呢？

後記

親愛的，我把教室變大了

「郁慧，我可以來寫書了！我終於找回初任菜鳥老師的痛苦與無助。」一

從退休開始，就有幾家出版社希望我談談關於教學生涯的故事，給老師、家長們做參考。我直接回絕，主因是我沒有自信可以寫好這本書。

經過三十幾年的教學歷練，退休前我已迎來自在疏闊的狀態，初任教師那些年的失落與痛楚，隨著掌聲與喝采逐漸淡忘。

「這些年輕老師耐挫力真差！」一甚至，我還常失去同理心抱怨著他們。

如果不是退休後新創立公司，使我剝下亮眼的外衣趴到地上甚至跌落深淵，我會以為，不管過去、現在還是未來的我，總是充滿搏擊風雨、笑傲教學人生的豪邁！

創業的困窘，使我有機會回顧教學生涯的挫敗，擁抱那個缺乏自信的我，那個什麼

都做不好的菜鳥老師。

雨驟風狂的創業人生

來不及享受「傳統的」退休生活，就在我七月一日生日那天，「腦力集教學有限公司」正式成立。從教室的老師一躍而為公司掌舵者，角色之間劇烈的轉換，把我打回生嫩的菜鳥，我手忙腳亂適應新環境帶來的挑戰，試著揣度未來的不確定性，更可怕的是，菜鳥還需佯裝先知，帶領一群年輕夥伴們前行。

然而，菜鳥就是菜鳥，不因為年紀大而占便宜。這兩年，公司常因為我決策失準付出巨大代價，我的天真無知在商場被出賣，滿腔熱情換得無情訕笑。

那個曾經在教室呼風喚雨、猶如先知全能的溫老師，此刻就像瘦弱的小樹在暴風雨中掙扎呻吟著。

新創公司也像長在陡峭山崖的小樹，沒有平整的土地可以汲取養分，若無法找到攀附點向下扎根，風雨一來隨時都可能墜落山谷。

剛開始為了公司生存，我常常需要接下「業配」，我能想像旁觀者心裡的聲音：

「溫老師想當網紅喔？」

「溫老師揚棄她對教育的執著了嗎？」

「溫老師這麼愛錢！」

當公司夥伴第一次跟我提起這些合作案，如果說我的內心沒有任何掙扎，那一定是騙人的！

「就當作戴上新眼鏡，看清自己的本質，走一條沒走過的路。」

「你都幾歲了，幹嘛這麼『ㄍㄧㄥ』？高興做啥就做啥，不偷不搶，管誰說呢！」

「當老師三十年每個月跟國家領薪水，從不擔心錢從哪裡來，現在正好同理一下其他行業的辛苦。」

創業初始，每每遇到尷尬又扎心的處境，我盡可能讓自己從過往榮光中抽離，幫新思維裝上一雙翅膀，勇敢的放飛自我。

最早邀請我為他們做廣告的是「標籤機」，這跟教學離得太遠，我擔心形象一夕崩壞，後來想到可以跟「訊息處理」理論搭配，以貼標籤的方式做物品分類、編碼，就像我們讀書做筆記，懂得使用標籤概念，讓短期記憶強化為長期記憶。

接著，滴雞精廠商找上門，總不能說，喝了滴雞精學習效果加倍，這種話我是說不出來的。

最後，有三個理由讓我硬著頭皮接下這案子。

第一，老闆是女兒的朋友。第二，我的新居是名建築師的作品，非常新穎脫俗，尤其好多讀者、網友敲碗想看我家的新廚房。然而，第三個理由其實才是關鍵——我們公司沒有什麼收入啦！

該怎麼說服自己嘗試新任務？除了現實收入問題，我更需要的是「價值認同」。記得德國哲學家叔本華說，「若還是原本的認知，就不會產生後悔的念頭」。

過去我利用園遊會帶領學生體驗商業與經濟活動，也曾讓四年級學生規劃收費的夏令營。課程背後，無非就是期許自己做為老師，能覺察到時代的趨勢發展，不讓教室成為思想最封閉的場所。

「捨棄世俗的定義與枷鎖，太爽啦！」過去因為教職在身，難以跳脫自身框架，甚至教育界多半鄙視商業行為。然而，接下合作案後，幾次以教學協助商家進入教育市場，我終於徹底捨棄無謂的執念，體驗了前所未有的觸發與靈感，也為退休新人生增添挑戰與樂趣。

「老師，有一家『ㄙˋㄨˋㄐㄧ』想請你幫忙代言，OK嗎？」公司夥伴漢昌問我。

「我已經更年期了！拜託！」我當下大吼回去。

「喔，好！」漢昌沒想到我這麼激動，只好懦懦應答。

接著，想想覺得莞爾，我問：「是怎樣啦？看到我幫滴雞精廣告，現在連『ㄙˋㄨˋㄐㄧ』也找上門了？」

「可能是覺得老師真的有影響力吧！」

「拜託，那應該去找年輕美眉，怎麼會是我這歐巴桑！」我沒好氣的說。

「也許他們覺得老師才有影響力，而且我們也有用這一臺。」漢昌邊說邊走到公司的「事務機」旁。

「你說什麼？你嘛拜託，咬字可以清楚一點嗎？」我插著腰，又氣又好笑。

漢昌笑到彎腰：「我還想說，老師你為什麼聽到『ㄙˋㄨˋㄐㄧ』這麼激動，還跟我說你更年期？而且我很煩惱，是要怎麼跟廠商用『更年期』這種理由回絕啊？」

其實，換做兩年前，公司還站不穩，萬事皆欠東風，我真的可能去幫忙推銷「四物雞」。我會把四物雞怎麼跟教學搭上關係呢？這會不會是件很酷的事情？

經過一連串意想不到的人生風景，我不再窄化自己的可能性，更不介意別人怎麼看我，只要好玩，人生就可以無極限。

兩年後，公司終於迎來曙光，因為與優派公司（ViewSonic）合作，我看見了科技對教學的重要性，他們有強大的工程團隊負責研發教學軟體，防疫停課期間天天上線直播，教老師怎麼使用「myViewBoard 數位教學平台」翻轉教學，與最擅長教學策略和教學實踐的我們，一拍即合，不僅協助推廣軟體，也實際應用軟體，研發出一套套可供學生自學的訂閱課程。

另外，我們公司旗下的「溫老師學習100」教學商城，不僅持續研發最佳的輔具和教材，更持續投入課程與教學，只是，我們把教室變大了，利用網路讓「溫老師」無遠弗屆，成為華人圈的優質教學品牌。

當公司的核心價值確認後，經營願景隨之清晰浮現，眾裡尋他千百度，驀然回首，「教學」依然是關鍵，只是隨著時代改變，我必須快速更新。

當我又回到老師的角色，在線上帶著一群孩子與家長、老師，我發現自己的步調極為和諧，內心無比舒暢自在，更叫人興奮的是，透過夥伴們的智慧，教學生涯傲人的「壓箱寶」一一優化、再現光華。

畫出人生第二曲線

很多年前我計畫了自己的退休生活，我想到的無非就是遊山玩水，看書閱報之類的傳統路線，因為我不知道還有什麼樣的人生可以開展。

不過，我現在更愛這樣忙碌充實的退休生活，我常說「趴在地上，是為了再次感受泥土的芬芳」，用創業銜接退休，是我的「人生第二曲線」。

我常跟很多人分享，這年紀若不出來做點事，真的可惜！中年階段若投入創業，自己一個人也行，「成功」的勝算比起年輕人強太多了。

首先，是經濟基礎。

我有多餘的錢可以投資，可以往理想更靠近，做想做的事，不像年輕時候的我，捉襟見肘、借貸度日。

第二，是資源與人脈。

教學超過三十年，除非沒有投入，否則誰不是一籮筐的經驗與資源呢？再加上網路推波助瀾，出版、演講已經不是少數名人的專利，連結的人脈非常可觀，自然有更多機會開展事業。

第三，是人生智慧。

人生超過半百，累積最多的就是失敗經驗，坑踩多了，自然知道如何求生存。挫敗依然是家常便飯，但已經懂得轉化和笑看。

很高興我走上另一種退休之路，重新感受「第一次」的驚心動魄與處處碰壁。也因為彷彿菜鳥般的心境，讓我拾起勇氣回頭挖掘一路走來的教學人生——那一連串經歷失敗與矛盾、淬鍊與成長的故事。

寫這本書的過程極其緩慢，內心不時拉扯，這不只是一趟漫長的回顧，還有更多是綿長的道別。過程中，我彷彿新生的孩子般，笨手笨腳而充滿好奇的再次感受生活的真實，體驗生命的美好。

當然，與此同時也得不斷照見自己，誠實的面對過往，讓遺忘的記憶不斷被召回，或者，循著軌跡往回走，試著拼湊如霧如煙的縹緲，緩緩釋放囚在心中多年的懸念。

一本書寫盡教學生涯的跌宕起伏與繁華落地，本該是掩卷唏噓與不捨，幸運的是，我的退休人生卻改寫了劇本。與其說這是一場道別，不如說是重新啟程，只不過，當過去被溫暖的臂膀擁抱之後，即使未來充滿變數，卻不再是苦難了。

感謝天下文化和支持我的讀者，讓一個平凡小學老師有機會寫出她的生命故事。

國家圖書館出版品預行編目（CIP）資料

成為溫美玉 / 溫美玉著 . -- 第一版 . -- 臺北市：遠見天下文化出版股份有限公司，2022.04
面；　公分 . --（教育教養；BEP071）
ISBN 978-986-525-502-2（平裝）

1. 自我實現　2. 生活指導

177.2　　111002627

教育教養 BEP071

成為溫美玉

從偏鄉女孩到資深良師，30 年教學心法與人生智慧

作者 — 溫美玉

總編輯 — 吳佩穎
人文館總監 — 楊郁慧
副主編暨責任編輯 — 吳芳碩
校對 — 魏秋綢
封面設計 — 李健邦
封面攝影 — 有 fu 攝影
排版 — 藍天圖物宣字社

出版者 — 遠見天下文化出版股份有限公司
創辦人 — 高希均、王力行
遠見．天下文化 事業群董事長 — 高希均
事業群發行人／ CEO — 王力行
天下文化社長 — 林天來
天下文化總經理 — 林芳燕
國際事務開發部兼版權中心總監 — 潘欣
法律顧問 — 理律法律事務所陳長文律師
著作權顧問 — 魏啟翔律師
社址 — 臺北市 104 松江路 93 巷 1 號
讀者服務專線 — 02-2662-0012 ｜傳真 — 02-2662-0007；02-2662-0009
電子郵件信箱 — cwpc@cwgv.com.tw
直接郵撥帳號 — 1326703-6 號　遠見天下文化出版股份有限公司

製版廠 — 中原造像股份有限公司
印刷廠 — 中原造像股份有限公司
裝訂廠 — 中原造像股份有限公司
登記證 — 局版臺業字第 2517 號
總經銷 — 大和書報圖書股份有限公司 電話／ 02-8990-2588
出版日期 — 2022 年 4 月 14 日第一版第一次印行

定價 — NT 400 元
ISBN — 978-986-525-502-2
EISBN — 9789865255176 (PDF)；9789865255169 (EPUB)
書號 — BEP071
天下文化官網 — bookzone.cwgv.com.tw